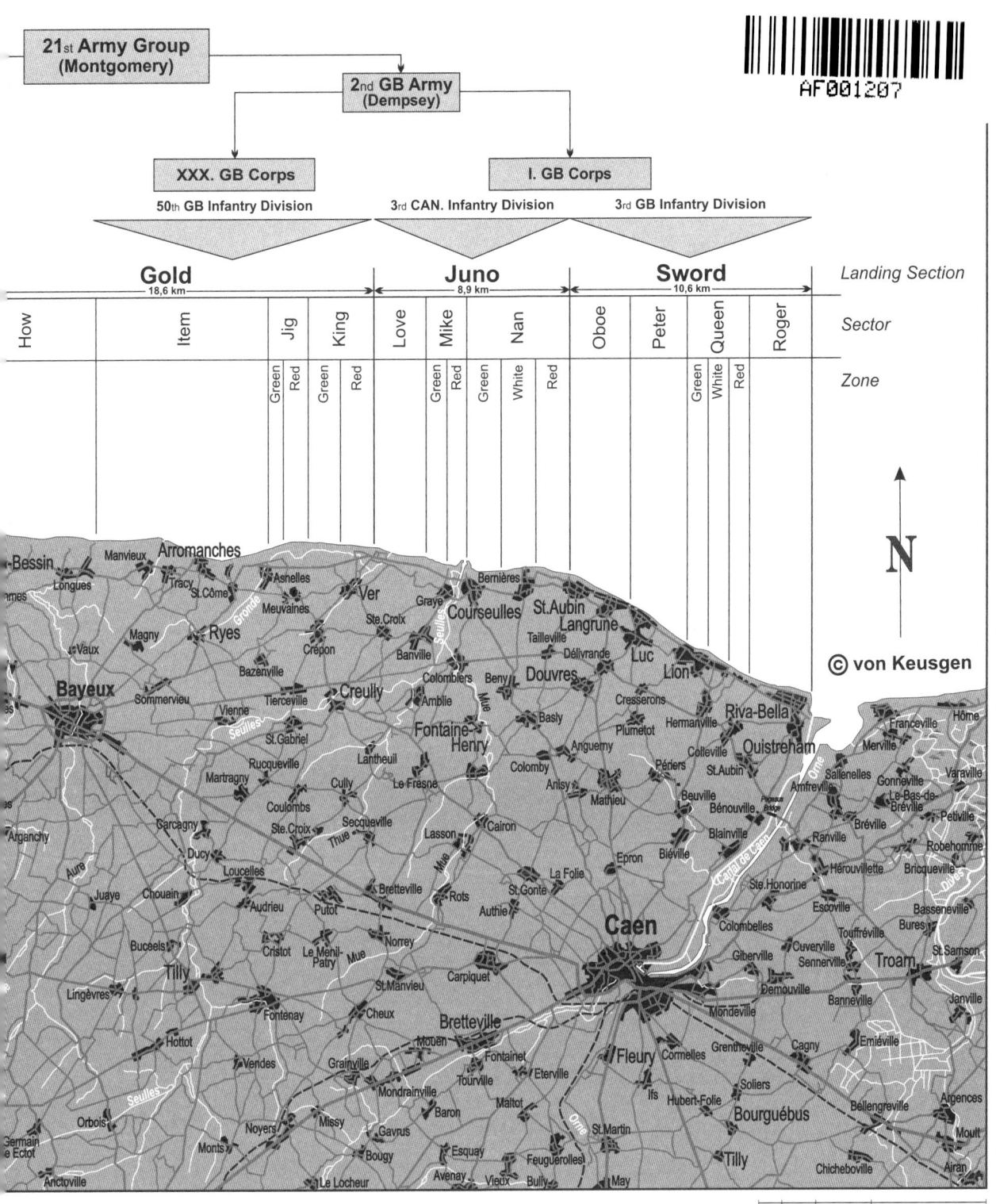

HELMUT KONRAD VON KEUSGEN

Normandie 1942-1944

POINT D'APPUI
WN 62

Omaha Beach

Le WN 62 — le 6 juin 1944

C'est alors l'un des quinze points d'appui de la baie de six kilomètres de large se trouvant dans les secteurs d'*Omaha* appelés *Dog*, *Easy* et *Fox*. Il était occupé en permanence par 21 soldats de la 3e compagnie du 726e régiment d'infanterie de la 716e division d'infanterie. Cette 3e compagnie (commandée par le lieutenant Edmond Bauch) était répartie du WN 59 au WN 64, le PC de compagnie se trouvait au WN 63.

Le 6 juin 1944, treize soldats de la 1re batterie du 352e régiment d'artillerie de la 352e division d'infanterie étaient affectés au poste d'observation d'artillerie du WN 62. Cette batterie se trouvait à Houtteville, à 4,5 kilomètres de là.

Les casemates (abris pour canons) et les abris de cantonnement pour les hommes n'avaient été construits par l'organisation Todt qu'au printemps 1944 après l'inspection de Rommel *(le 29 janvier 1944)*.

Indications topographiques

1. Talus haut d'environ 1,5 m qui sépare la plage du front de mer.
2. Bande littorale de 6 à 8 m de large constituée principalement de galets larges comme la main.

Obstacles de plage

3. Éléments C (« *portes belges* »).
4. Rampes munies d'une scie grossière ou d'une mine.
5. Pieux en bois (« *asperges de Rommel* »), munies généralement d'une mine au sommet.
6. Tétraèdres en acier (« *Tschechenigel* »).
7. Mines.
8. Passage dans les mines pour atteindre la plage.
9. Barrière de mines avec fils d'allumage.

Installations techniques

10. Appareil de concassage de galets produisant du gravier pour le béton.
11. Tapis roulant pour le transport du gravier.
12. Chemin de fer à voie étroite transportant du sable et du gravier au chantier du WN 61.
13. Moteur diesel pour entraîner le tapis roulant *(voir 11)*.
14. Clôture de barbelés extérieure.
15. Clôture de barbelés intérieure.
16. Fossé antichar en terre, tranchée de 1,5 m de profondeur et de 2 m de largeur remplie d'eau.
17. Canal amenant l'eau au fossé antichar.
18. Ancienne villa côtière, servant de poste de garde, de quartier et de cuisine *(commandant au point d'appui: sous-lieutenant Hermann Claus; sergent Ludwig Feirster, sergent Ludwig Schulte; chef cuisinier: caporal-chef Fritz Riemann; cuisinier: caporal-chef Valentin Lehrmann; aide-cuisinier: caporal Alfred Liermann; infirmier Bruno Wittber)*.
19. Terrassement pour un nouveau poste de garde.
20. Tranchée d'environ 1,7 m de profondeur.
21. Plates-formes en béton sur lesquelles étaient placés les deux canons tchèques de 7,65 cm avant qu'ils ne soient placés dans les nouvelles casemates *(voir 30 et 31)*.
22. Bunker-abri pour 20 hommes de troupe.
23. Ancien emplacement de l'abri pour la troupe à moitié enterré et d'une baraque en bois qui servait de quartier en attendant l'achèvement du nouveau bunker pour la troupe *(voir 22)*.

24. Bunker pour un appareil radio optique communiquant avec les WN 61 et WN 63 *(caporal-chef: Peter Lützen)*.
25. Bunker d'observation et poste de direction de tir pour l'observateur avancé de l'Artillerie Regiment 352 et pour la 1re batterie située à 4,5 km de là, dans les terres *(Officier directeur de tir: lieutenant Bernhard Frerking, tué le 6 juin sur le WN 62; officier suppléant: sous-lieutenant Grass, porté disparu depuis le 6 juin; transmissions: Wachtmeister Ewald Fack, tué le 6 juin près de Mandeville)*.
26. Bunker de transmissions pour le poste de direction de tir *(voir 25)* de l'Artillerie-Regiment 352 *(sergent Beermann, porté disparu depuis le 6 juin; caporal Kurt Wamecke, blessé le 6 juin près du WN 62; grenadier Herbert Schulz, blessé le 6 juin sur le WN 62, tué le 7 juin, et deux autres radios dont les noms ne sont pas connus)*.
27. Ancienne villa côtière qui a été utilisée comme poste d'observation de la plage par six soldats de la marine avec un appareil radio *(les soldats ont été capturés par un commando britannique lors d'une nuit d'avril 1944)*.
28. Bunker pour munitions.
29. Latrines.

Positions de défense et armement

30. Casemate supérieure pour un canon de 7,65 cm, modèle 1917 *(chef de pièce: caporal-chef Heinrich Brinkmeier; canonnier: caporal-chef Theodor Brinkbäumer; pourvoyeurs de munitions: caporal Anton Flossmann et grenadier Paul Häming)*.
31. Casemate inférieure pour un canon de 7,65 cm, modèle 1917 *(chef de pièce: caporal-chef Heinrich Krieftewirth; canonnier: caporal Alois Reckers, qui se trouvait à l'hôpital le 6 juin; pourvoyeurs de munitions: caporal Hans Selbach et soldat Emil Drews)*.
32. Position de campagne pour un canon antichar de 5 cm *(chef de pièce: caporal-chef Siegfried Kuska; canonnier: soldat Franz Heckmann)*.
33. Position de campagne pour un canon antichar de 5 cm *(avec quatre artilleurs d'une compagnie antichar du Grenadier-Regiment 916 de l'Infanterie-Regiment 352; leur destin n'est pas connu) (caporal Michael Schnichels)*.
34. Tobrouk double pour une mitrailleuse sur affût tournant *(caporal Michael Schnichels)* et un mortier de 5 cm *(caporal Gustav Bersik) (armement pas encore en place le 6 juin)*.
35. Tobrouk pour mortier de 5 cm *(1re classe Bruno Plota)*.
36. Tobrouk pour mortier de 5 cm *(soldat Edmund Ferchau)*.
37. Tobrouk pour mitrailleuse modèle 1934 sur affût tournant *(caporal Kwiatkowski)*. Un téléphone se trouvait dans cet abri, il était relié à celui du poste de la garde de la villa à l'entrée principale.
38. Position de campagne pour une mitrailleuse modèle 1934 *(grenadier Christian Faust)*.
39. Position de campagne pour une mitrailleuse jumelée antiaérienne modèle 1934.
40. Position de campagne pour une mitrailleuse polonaise refroidie par eau modèle 1917 sur affût *(soldat Helmut Kieserling)*.
41. Bunker en terre couvert pour une mitrailleuse polonaise modèle 1917 sur affût ainsi que levier de déclenchement de deux lance-flammes de forteresse *(caporal Franz Gockel)*.
42. Position de campagne pour mitrailleuse modèle 1942 *(caporal Heinrich Severloh)*.
43. Lance-flammes de forteresse *(qui était confié au caporal Franz Gockel – voir 41)*.
44. Deux positions individuelles *(inoccupées)*.

Monuments

45. Position actuelle du monument de la 1re Division d'infanterie américaine.
46. Position actuelle du monument de la 5e Brigade spéciale du Génie.

Défenses côtières allemandes dans le secteur allant de Vierville à Sainte-Honorine-des-Pertes

(le 6 juin 1944, dans le secteur de débarquement américain d'*Omaha Beach*)

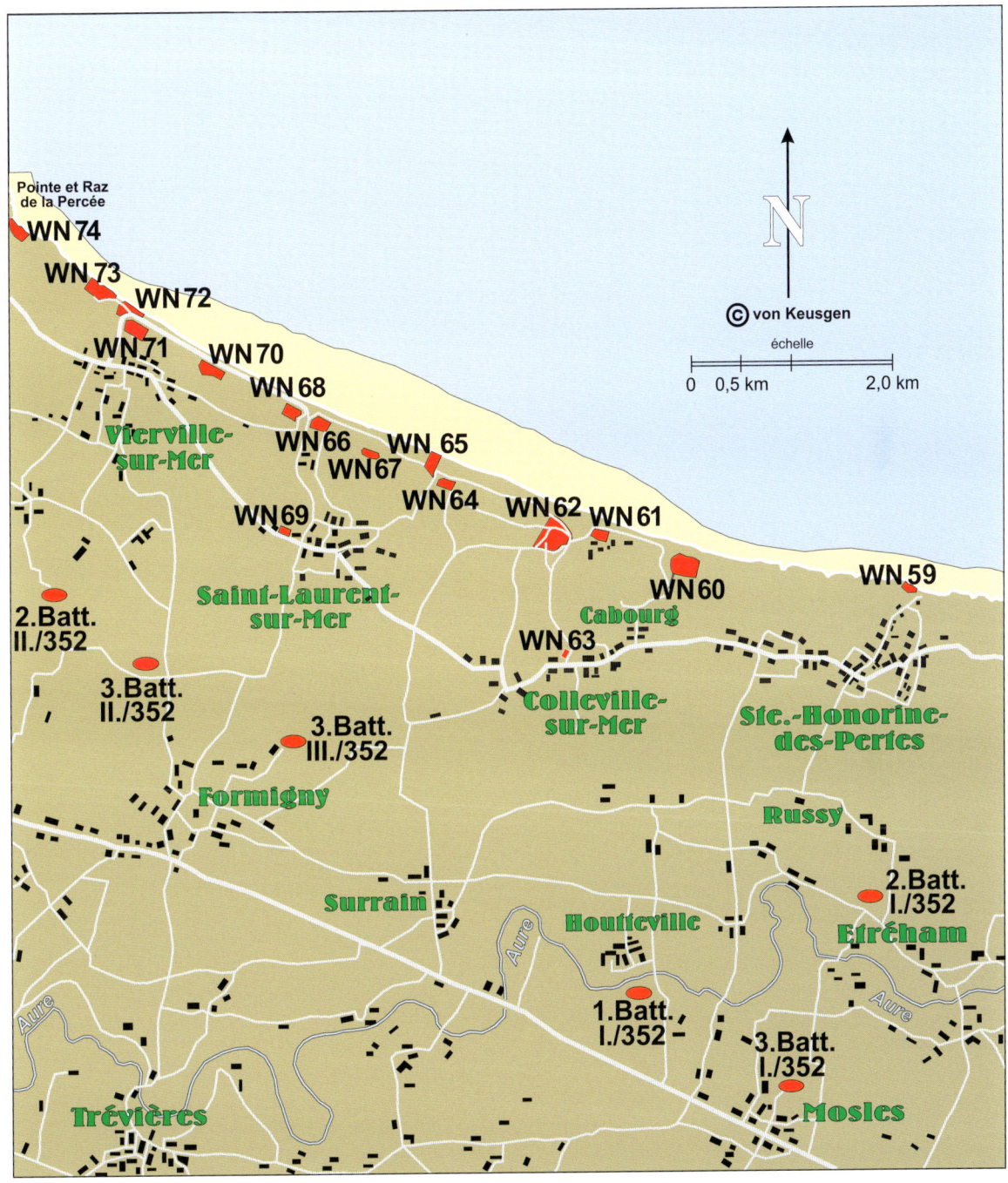

Les quinze positions défensives (Widerstandsnester : WN) ainsi que les positions des batteries des Ier, IIe et IIIe groupes de l'Artillerie-Regiment 352 dans le secteur de débarquement américain d'Omaha. (Les autres batteries des IIe et IIIe groupes étaient en position plus à l'est.)

Ouvrage écrit et conçu par Helmut Konrad von Keusgen.
Traduit par Georges Bernage.
Suivi de fabrication : Gabrielle Baqué.
Rédaction graphique : Christian Caïra, Philippe Gazagne, Christel Lebret, Paul Gros.
Infographie : Philippe Gazagne.

Éditions Heimdal
BP 61350 - 14406 BAYEUX Cedex
Tél : 02.31.51.68.68   Fax : 02.31.51.68.60
E-mail : editions.heimdal@wanadoo.fr
www.editions-heimdal.fr

Copyright 2004 by H.E.K. Creativ Verlag, Garbsen/Schloss Ricklingen, photos actuelles, layout et plans Helmut Konrad von Keusgen.

Copyright Heimdal 2004 et Copyright Heimdal 2017 pour l'édition française, cette dernière revue et corrigée. La loi du 11 mars 1957 n'autorisant, aux termes des alinéas 2 et 3 de l'article 4, d'une part, que les « copies ou reproductions strictement réservées à l'usage privé du copiste et non destinées à une utilisation collective » et, d'autre part, que les analyses et les courtes citations dans un but d'exemple et d'illustration, « toute reproduction ou représentation intégrale, ou partielle, faite sans le consentement de l'auteur ou de ses ayants droit ou ayants cause, est illicite. Cette représentation, par quelque procédé que ce soit, constituerait donc une contrefaçon sanctionnée par les articles 425 et suivants du code pénal ».

HELMUT KONRAD VON KEUSGEN

Normandie 1942-1944

POINT D'APPUI
WN 62

Omaha Beach

HEIMDAL

L'auteur de ce livre, **Helmut Konrad Baron von Keusgen**, est né le 31 août 1948 à Hanovre. Très jeune, il s'intéresse à l'Histoire. Son grand-père était un vétéran de la Première Guerre mondiale et son père de la Deuxième, qu'il a vécue sur le front de l'Est. Avant de créer en 1980 sa propre agence de publicité, il travaille dans celle de son père. Graphiste et peintre de renom, il acquiert une solide expérience dans le domaine de la chaîne graphique et de la production de livres. Son premier ouvrage paraît en 1986.

Dès 1968, malgré des idées pacifistes, il s'intéressera à l'histoire militaire. En 1969, il est à Arromanches, en Normandie, et rencontre les premiers vétérans américains. Sportif, il plonge sur les épaves du Débarquement et découvre ainsi l'aspect amphibie du Jour J. Il deviendra également un spécialiste de Napoléon Ier et de la bataille de Waterloo mais aussi, et surtout, du 6 juin 1944. Il rencontrera ainsi une centaine de témoins civils et de vétérans allemands et américains. Privilégiant l'approche humaine, s'écartant de l'aspect sec et froid de l'histoire officielle, les très nombreux témoignages recueillis lui permettront de faire revivre le quotidien et les souffrances de tous ces êtres confrontés à la tragédie de la guerre. Ce livre en est une illustration.

Le terrain de l'ancien WN 62 depuis une distance de 380 mètres. Tout ce secteur fut enveloppé par les tirs allemands des obus et balles de mitrailleuses en direction du débarquement américain.

(Photo : von Keusgen.)

Pour Élodie

Restes d'obstacles de plage et d'une barge de débarquement sur la plage d'*Omaha Beach*, secteur *Easy Red*. Sur le plateau se trouve maintenant l'un des trois cimetières militaires américains de Normandie. Sur la gauche, au-delà de la photo, commence le terrain de l'ancien WN 62.

(Photo : von Keusgen 2014.)

Table des matières

Plan du WN 62 (le 6 juin 1944) 2
Légende du plan 3
Défenses côtières allemandes dans le secteur allant de Vierville à Sainte-Honorine-des-Pertes .. 5
La genèse du livre 13
Au début 16
Rommel arrive 35
L'enfer 75
Repli 100
Et après 122
Le WN 62, un désastre américain 125
Le sort des soldats allemands mentionnés dans ce livre depuis le 6 juin 1944 128
Sources écrites 136
Sources iconographiques 137

Été 1943, depuis le *Widerstandsnest 60* (sous le filet de camouflage au premier plan), se trouvant sur le secteur oriental de la plage d'Or, à 64 mètres au-dessus du niveau de la mer, sur le plateau dominant la côte. À la fin de l'année 1943, des villas se trouvent encore au-dessus de la plage ; elles seront dynamitées et rasées par les troupes d'occupation allemandes. Les deux maisons à l'avant-plan ont été rasées dès le début de 1944, l'autre villa cloturée servit de poste de garde au WN 62 dès 1943.

(Photo : Archives von Keusgen.)

Heinz Bongard

Franz Gockel

Bernhard Lehmkuhl

(Photos : von Keusgen 2003/2001/2004.)

La genèse de ce livre

Au cours des décennies passées, on a beaucoup écrit sur le Débarquement du 6 juin 1944 et plus particulièrement sur le secteur américain d'*Omaha*, et aussi sur les soldats des deux côtés du front, sur leur armement, leurs points d'appui, sur de nombreux destins individuels mais, principalement, à un niveau général.

Après ma première publication, *D-Day 1944 – Die Landung der Allierten in der Normandie*, et suite à l'élaboration de la biographie de Hein Severloh, *WN 62 – Erinnerungen an Omaha Beach*, de nombreuses questions furent posées, qui éveillèrent l'intérêt quant au sort des soldats du plus puissant point d'appui allemand des six kilomètres de plage de la baie d'*Omaha* : le WN 62. La plus grande tragédie des Américains lors de leur débarquement du 6 juin 1944 a-t-elle eu lieu à cet endroit ? Et comment s'est déroulée la vie quotidienne des soldats allemands ce jour-là, et les jours précédents ? Je connaissais déjà beaucoup de choses et le point d'appui – que je visite depuis 1972 – m'est devenu de plus en plus familier. Mais, plus je recevais des informations, au fil du temps, plus il devenait intéressant d'en savoir toujours plus au sujet de toute l'histoire de ce WN 62 et de ceux qui l'occupaient. L'un des premiers témoins de cet ancien point d'appui fut l'ancien cartographe Hans Lücking qui éveilla en moi, dès 1973, un très fort intérêt pour l'histoire de ce Jour J, grâce à son récit particulièrement intéressant.

Le temps passe, inexorable, de même que la vie de ces hommes qui ont dû sacrifier leur précieuse jeunesse à la guerre. La plupart de ceux qui ont survécu à l'invasion et à ses combats sont morts depuis longtemps. Hans Lücking est décédé dès 1987 et je regrette maintenant tout particulièrement de n'avoir entrepris cette reconstitution du WN 62 et de la vie de ses soldats qu'entre 1999 et 2004, afin de publier leur vie bien particulière sur ce point d'appui et de la faire passer à la postérité. Les sept derniers survivants de ces points d'appui – WN 60, WN 62 et WN 63 – m'ont aidé à reconstituer précisément, environ soixante ans après, l'histoire du WN 62, du premier au dernier jour, ainsi que de ceux qui l'occupaient. Sont également restituées l'évolution des tranchées, la construction des bunkers, et surtout la vie quotidienne de ces jeunes soldats qui effectuaient leur service et qui ont dû combattre sous l'incroyable feu roulant de l'attaque alliée pour leur survie. L'Américain David Silva, qui était alors un GI et a débarqué le 6 juin 1944 devant le WN 62, a fourni un regard complémentaire qui permet de réaliser de façon dramatique les circonstances traumatisantes vécues dans les deux camps. Certains soldats se sont comportés comme de vrais héros, d'autres ont été saisis par la peur. Qui pourrait reprocher à ces jeunes hommes leur attitude face à ce jour terrible du Débarquement ? Personne ne peut aller contre les penchants que la nature lui a donnés et la peur est un instinct naturel, de même que la préservation de sa propre vie. Il n'est pas rare que la peur et la volonté de sauver sa vie cohabitent. Par ailleurs, il faut considérer que les hommes qui ont été formés comme soldats se retrouvent dans des situations conflictuelles de par les ordres qu'ils ont reçus, et dont les conséquences leur étaient totalement inconnues dans leur vie normale. La tragédie de beaucoup de soldats consiste dans le fait qu'ils sont confrontés à des situations dans lesquelles ils doivent accomplir leur devoir et dont ils doutent souvent de la nécessité.

J'aimerais remercier tout particulièrement ces huit derniers vétérans pour leur participation à ce livre, mais aussi pour leurs témoignages, bien souvent critiques. Étant donné qu'ils sont l'une des principales sources d'information pour ce récit consacré au WN 62, il est normal qu'ils soient au premier plan.

Depuis 1973, je travaille sur le thème du *Jour-J 1944* et, au cours de cette trentaine d'années, j'ai passé beaucoup de temps sur le terrain de l'ancien WN 62. Un travail personnel alimenté par ailleurs par ce que Heinz Bongard, Franz Gockel, Bernhard Lehmkuhl, Peter Lützen, Bruno Plota, Hans Selbach, Heinrich Severloh et David Silva m'ont communiqué, au cours de nombreuses discussions détaillées, sur place ou pendant l'avancement du travail, ainsi qu'à l'occasion de longues conversations téléphoniques. Tout ce qu'ils savaient sur le WN 62 et sur les thèmes annexes m'a ainsi permis de présenter ici une reconstitution précise des événements réels, ainsi qu'une réflexion sur l'aspect humain et la vie des soldats du point d'appui. Au bout d'un travail intensif qui a duré cinq ans, ces hommes m'ont donné la possibilité de reconstituer de manière réaliste l'anatomie originelle du WN 62, ses dispositifs, et plus particulièrement les événements qui s'y sont déroulés le 6 juin 1944. Les témoignages de ces vétérans ont contribué à compléter, concrétiser et aussi contredire les faits et circonstances relatés dans d'autres ouvrages historiques parus jusqu'à présent. Des faits militaires et humains présentés faussement jusqu'à présent ont ainsi été corrigés par ces témoignages.

À l'issue de mes recherches consacrées à ce livre, je voudrais remercier les personnes suivantes pour leur amical soutien :

Madame Agnes Götsch, la veuve de Monsieur Hermann Götsch décédé en juin 2003 (il est mort trois semaines avant mon interview, au retour d'un voyage en Normandie au WN 62, en mai) ; Madame Lise Lücking, la veuve de l'ancien caporal-chef Hans Lücking, ainsi que sa petite-fille, Diana Hebeler ; Madame Johanna Stollewerk, fille de l'ancien sergent Ludwig Förster, qui est décédé en 1991 ; Monsieur Reinhard Frerking, le fils de l'ancien lieutenant Bernhard Frerking, qui a été tué le 6 juin 1944 au WN 62 ; Monsieur Bernhard Lehmkuhl Jr., le fils du vétéran décédé à l'âge de 95 ans, l'année de mes recherches ; Monsieur Hermann Josef Schnichels, le fils de l'ancien caporal Michael Schnichels décédé en 1995 ; Monsieur Jean-Noël Lenoury, maire adjoint de Colleville ; Monsieur Heinz Ernst Ottemeier, neveu de l'ex-capitaine Ernst Ottemeier, décédé en 1977 ; Monsieur Lucien Tisserand, administrateur du *Friedenspark* et cimetière du *Volksbund Deutsche Kriegsgräberfürsorge E.V.* près de La Cambe, en Normandie ; Monsieur Stephan Kühmayer, du Service allemand d'information des proches des morts de l'ancienne *Wehrmacht* ; le docteur Rolf Wirtgen et Monsieur Lothar Simon, du service fédéral de technique militaire.

Je voudrais tout particulièrement mettre en avant l'interview menée au cours de mes recherches avec le vétéran Bernhard Lehmkuhl, alors âgé de 96 ans, riche au-delà d'une simple communication d'informations. Ce

Hans Lücking

Peter Lützen

Bruno Plota

Hans Selbach

sympathique senior chargé du poids des ans se rappelait remarquablement bien et jusque dans les moindres détails cette époque dramatique. Il a aussi été important pour moi de constater que tous ces hommes sans exception, m'ont laissé une impression particulièrement sympathique au plan humain et se sont montrés sans ressentiment envers les interviews, généralement très longues.

Je regrette particulièrement que deux anciens soldats du WN 61 (dont les noms ne sont pas présents dans ce livre) n'aient pas voulu témoigner, en disant qu'ils ne veulent *« plus rien avoir à faire avec cette époque »*. Mais je comprends leur position car chaque survivant de ce drame y est confronté toute sa vie et chacun veut s'en sortir à sa façon…

Helmut Konrad Baron von Keusgen

Heinrich Severloh

Ci-dessus : recherches sur le WN 62 avec Franz Gockel (à gauche) et Heinrich Severloh (à droite).

Avec David Silva, un vétéran américain de la 29th Infantry Division (à gauche), à l'aube du 6 juin 2003, devant le WN 62, à l'endroit exact où il a débarqué, cinquante-neuf ans plus tôt, sous le feu de la mitrailleuse de Heinrich Severloh.

Au début

Après le déclenchement de la Seconde Guerre mondiale (le 1er septembre 1939) et l'occupation de la France par les troupes allemandes (en juin 1940), Hitler ordonne l'édification d'un Mur de l'Atlantique *(Atlantikwall)* à partir du début de l'année 1942, pour empêcher un débarquement éventuel des Alliés occidentaux sur le continent. Ce sera une ligne côtière constituée de positions de bunkers, de batteries moyennes et lourdes, renforcées de millions de mines et d'obstacles meurtriers.

À cette époque, alors que le ministre de la propagande du Reich, Josef Goebbels, évoque dans ses discours les fortifications côtières réparties dans des milliers d'endroits, de la Norvège et du Danemark aux Pyrénées, un petit morceau de terrain a été clôturé sur la côte normande, dans le département du Calvados, au milieu d'une végétation luxuriante, et une baraque en bois a été dressée, un abri pour seulement deux soldats. Elle avait été placée sur une pente de 20° et à 53 mètres de hauteur, descendant rapidement vers la mer, entre des touffes de genêts magnifiquement fleuris et s'élevant à hauteur d'homme, afin de constituer un point d'appui provisoire, un « nid de résistance » *(Widerstandsnest)* portant le numéro 62, en abrégé le WN 62.

Pour tout stratège, il était évident que le vallon entaillant le plateau dominant la côte normande à 64 mètres d'altitude, en avant de la localité de Colleville-sur-Mer, était d'une grande importance pour des troupes débarquant dans ce secteur. Depuis le village de 286 habitants établi dans l'arrière-pays, sur la route nationale 814 (aujourd'hui la D 514), d'est en ouest, une route étroite et légèrement sinueuse conduit, dès 1942, jusqu'à la plage, à 1 400 mètres de là.

Le centre de la localité de Colleville-sur-Mer (en regardant vers l'ouest).
Depuis la route principale, alors route nationale (aujourd'hui la D 514), l'étroite Route de la Mer (à droite) descend dans la Vallée du Ruisseau des Moulins, jusqu'à la plage et à l'ancienne position du WN 62 (distant de 1 400 m). La mairie de Colleville se dresse sur la gauche et l'église est dans le fond.

Dans ce secteur côtier, le plateau abrupt s'abaisse jusqu'à la baie, large de six kilomètres, où s'étire une superbe plage de sable appelée « plage d'or » à cause de ses reflets d'or rouge. Avec de forts coefficients de marée, cette plage est découverte jusqu'à 500 mètres par basse mer. Derrière cette baie et les versants du plateau, se trouvent trois localités normandes typiques.

Sur le flanc oriental se dresse Colleville-sur-Mer, avec son petit hameau, Cabourg. Sur le flanc occidental, nous trouvons Vierville-sur-Mer et, entre les deux, Saint-Laurent-sur-Mer. Ces trois localités se trouvent le

Vue panoramique de la large plage de six kilomètres de long, depuis Cabourg, hameau de Colleville-sur-Mer jusqu'à Vierville-sur-Mer (à l'arrière-plan, vers l'horizon). La baie se termine, à l'horizon, par la falaise de la Pointe de la Percée haute de 46 mètres. Le WN 62 a été établi de l'autre côté de la vallée descendant de Colleville (sur toute la surface des collines vert clair vers le milieu de la photo). Entre les constructions se trouvant au-dessus de la plage et les deux toits de tuiles rouges se trouvait le WN 61, moins important. (Photo prise depuis l'ancien WN 60.)

long de la route côtière (la D 514), assez sinueuse, et distantes de moins d'un kilomètre de la mer (d'où leurs qualificatifs « sur mer »). Et, à partir de ces localités, de larges vallées parcourues par des routes étroites mènent à la mer.

Sur le front de mer, Saint-Laurent et Vierville sont reliés par une promenade longue de deux kilomètres établie entre la plage et le pied du plateau. Sur ce front de mer se dressent à l'époque quelques villas édifiées par des Français aisés. À Vierville, on trouve même un grand hôtel-casino à proximité de la plage. Toute cette région, en raison de sa superbe et vaste plage de sable doré, est fréquentée par de nombreux touristes depuis le XIXe siècle. Une voie ferrée étroite rejoint la gare du Molay-Littry, à l'ouest de la ville de Bayeux au passé historique normand. Elle dessert Saint-Laurent et Vierville jusqu'à Osmanville, près d'Isigny, mais elle a été désaffectée en 1930. À partir de 1942 et depuis la mise sur pied du Mur de l'Atlantique et de ses fortifications côtières,

L'ancienne promenade côtière entre Saint-Laurent-sur-Mer et, dans le fond, Vierville-sur-Mer, avec les villas qui s'y trouvaient à l'époque. À l'horizon, on aperçoit à nouveau la Pointe de la Percée.

le tourisme côtier a été interdit par les troupes d'occupation allemandes, ce qui a causé des pertes économiques à la région.

À proximité de la mer, en avant de la vallée de Colleville parsemée de hauts buissons d'épineux remplis de mûres et qui est large de trois cents mètres, sur le versant oriental, se trouvent quelques maisons de vacances au lieu-dit Saint-Clair-Belvédère (aujourd'hui le village de vacances VVF). Deux étroits ruisseaux, qui se réunissent vers le milieu de la vallée de 1 560 mètres de long partant de Colleville, entraînaient les roues de deux moulins qui ont donné son nom à ce vallon, la vallée du Ruisseau des Moulins.

En regardant (vers le sud) la vallée de Colleville, en 1944, depuis la position du WN 62. On aperçoit à l'horizon le clocher du village. Le ruisseau coule presque parallèlement à l'étroit chemin creux (la Route de la Mer). Au premier plan se dressent les bâtiments du moulin, situés à 395 m de la mer.

Sur le côté occidental de la vallée, à quatre-vingts mètres du rivage, entourée de hauts genêts, se dresse une belle et grande villa à deux étages, parallèle au versant raide et dont le pignon fait face à la vallée. Elle mesure sept mètres de haut par dix mètres de côté, comme la plupart des maisons de cette région, construites à proximité de la mer au début du XXe siècle. La clôture en bois peinte en blanc, qui entourait son terrain, a été enlevée et elle est dorénavant entourée par les barbelés qui enclosent le nouveau point d'appui WN 62, dont elle fait partie. Trois autres grandes villas situées à proximité, au pied du versant, ont été dynamitées. Toute une rangée de villas situées au-dessus de la plage, à l'ouest du point d'appui, dont une colonie de vacances, a également été rasée. Les propriétaires ont reçu des dédommagements financiers et ont dû abandonner le terrain avec leurs familles. Désormais, les premiers soldats allemands peuvent stationner en cet endroit.

À 320 m à l'ouest de ce bâtiment, juste au bout du terrain dominant la plage de 1,5 m, se trouve une autre villa à deux étages. Lorsque deux plates-formes en béton semi-circulaires seront coulées à mi-hauteur du point d'appui pour installer deux canons tchèques de prise de 7,65 cm, le toit et l'étage supérieur de cette villa seront abattus pour dégager le champ de tir en direction de la plage, tandis que six soldats de la Marine s'installeront au rez-de-chaussée pour surveiller la plage.

Une vallée couverte de genêts. Le terrain (en regardant vers l'ouest) avant l'établissement du WN 62.

La grande villa (au-dessus) dans laquelle sont tout d'abord installés le poste de garde, la cuisine et le quartier des sous-officiers et de quelques soldats.
Les plus petites villas, résidences de vacances ainsi que, en arrière, une grande colonie de vacances, ont été rasées sur ordre de la Kommandantur pour élargir le champ de tir.
La vallée est parcourue par l'étroit ruisseau de la Vallée des Moulins, passant le long de la clôture basse, jusqu'au rivage.

Ci-contre : la villa maritime La Rabellière vers 1920 (elle se trouve à l'ouest du futur WN 62, en regardant vers l'est. À partir de 1941, six fantassins de la Marine sont placés dans cette villa afin de surveiller la côte.

Ces soldats sont directement reliés par téléphone avec le point d'appui de la Marine nouvellement installé dans le port de Port-en-Bessin, à environ sept kilomètres à l'est.

La grande villa du WN 62, située maintenant à l'entrée inférieure et orientale du point d'appui, sert aussitôt de poste de commandement interne au WN 62. Le bâtiment dispose d'une cave à demi enterrée, tandis qu'un escalier de pierre conduit au milieu de la maison, jusqu'au rez-de-chaussée surélevé. Du côté gauche de l'étage inférieur se trouvent deux pièces, l'une servant de poste de garde et l'autre au nettoyage des armes. La grande pièce du côté gauche ainsi que les pièces du premier étage servent de chambres pour les sous-officiers et quelques hommes de troupe.

De l'autre côté, sur le versant oriental de la vallée et en dessous du plateau, là où se trouvait le petit village de vacances St-Clair-Belvédère, on commence à établir un nouveau point défensif, face au WN 62,

de cet important secteur stratégique. Ainsi, progressivement, se constitue une chaîne continue de points d'appui plus ou moins importants qui forme, dans ce secteur côtier, une partie du Mur de l'Atlantique qui, pour des raisons pratiques, est numérotée dans chaque secteur. Les « nids de résistance » (WN) sont espacés de manière irrégulière, leurs positions dépendant de la valeur stratégique de l'environnement. À Saint-Laurent, distant de seulement 2,1 km du WN 62, sera ultérieurement établi un WN 63 dans l'une des vieilles maisons de la localité. Ce « nid de résistance » n'aura pas de valeur stratégique ; le poste de commandement de la compagnie y sera installé et n'aura qu'un rôle administratif. De manière lapidaire, les soldats de la compagnie appelleront ce poste de commandement le « bureau » *(Schreibstube)*.

Les villas et la grande colonie de vacances situées à seulement 35 m de la plage et à proximité de la position du WN 62 (en regardant vers l'est, vers l'entrée de la vallée). Toutes ces maisons sont dynamitées en 1942-1943. Au milieu de la photo se trouve l'éminence au pied de laquelle se dresse la villa où seront plus tard installés le poste de garde, la cuisine et le quartier (indiquée par la flèche). De l'autre côté de la vallée (dans le fond, à gauche) se trouve le petit village de vacances Saint-Clair-Belvédère où le futur WN 61 sera établi.

Devant l'alignement des villas (cf. photo précédente) s'étend un talus de galets de vingt mètres de large, en arrière de la plage (en regardant vers l'est). En 1920, le petit village de vacances de Saint-Clair-Belvédère n'est pas encore construit.

Les soldats allemands se sentaient bien dans ce charmant paysage coupé de haies et de murets de pierre moussus, avec ces mystérieux et sombres chemins creux bordés d'arbres couverts de lierre qui formaient

Le chemin creux, de 1400 m de long, appelé Route de la Mer, dans la Vallée du Ruisseau des Moulins, pendant les années quarante.

Ci-contre: un paysan normand sur sa carriole typique.

le cadre rustique de champs et de jardins fertiles. L'élevage et la production de beurre et de fromage constituent l'activité principale de la population rurale. Les soldats sauront vite apprécier la riche Normandie avec le bon beurre, le camembert, les tartes aux pommes, le cidre et le Calvados; ils s'en procureront volontiers... Le doux climat influencé par le gulf-stream, ainsi que les hivers cléments, généralement sans neige, rendent le séjour dans ce département français particulièrement agréable. On semble bien loin de la guerre qui fait rage... pour l'instant.

La population rurale de la Normandie est rude, réservée mais correcte, des gens réfléchis et calmes. Les soldats allemands ont été particulièrement avertis de se comporter très correctement avec cette population et de ne pas adopter une attitude de vainqueur. Les vols, les violences et les exigences, notamment envers la population féminine, sont strictement interdits. Hormis quelques exceptions, il règne alors des deux côtés une coexistence respectueuse.

Au début de l'année 1943, le petit WN 62 est agrandi et étoffé en effectifs. À cette époque, Louise Hamel, une Française âgée d'une trentaine d'années, ravitaille en nourriture les soldats de la compagnie. Chaque jour, elle arrive dans la vallée, directement devant l'entrée orientale du WN 62, avec sa carriole à deux roues tirée par un cheval.

Un jour survient un incident. Comme très souvent, un grand chaudron empli d'une soupe fumante est installé sur la carriole. Mais, avant que les soldats n'aient pu décharger le récipient plein de soupe, le cheval, nerveux, frappe de son sabot avant droit dans une cavité située sous le sol et s'y enfonce sur environ trente centimètres de profondeur. La Française n'arrive plus à faire bouger le cheval, ni à lui faire retirer sa jambe du trou, tandis que la carriole à grandes roues bloque l'entrée principale du point d'appui. Deux soldats déchargent le lourd chaudron et demandent à la Française de dégager l'attelage de l'entrée, mais le cheval reste bloqué dans le trou. Comme des actes de sabotage sont régulièrement commis par la Résistance française, les soldats allemands sont généralement méfiants et réagissent souvent avec nervosité à de tels petits incidents. Un sous-officier surgit alors et leur dit, irrité :

« *Je vous donne encore une minute pour faire bouger le cheval, retirer son pied du trou et dégager enfin l'entrée, sinon je vais l'abattre.* »

Sarcastiquement, l'un des soldats ajoute :

« *Comme ça, on aura plus à manger…* »

Louise Hamel réplique avec virulence :

« *Je n'ai que ce cheval, "Monsieur", et si vous l'abattez, je ne pourrai plus amener de nourriture à vos hommes…* »

Là-dessus, le sous-officier fait soulever le cheval par trois soldats déterminés, ce qui lui permet enfin de retirer sa jambe du trou, et à la Française de repartir avec sa carriole…

À la fin du mois de mars 1943, le caporal-chef Peter Lützen arrive en Normandie. Ce fils de paysan, âgé de 22 ans, originaire de Leck, en Frise du Nord, à proximité de la frontière danoise, a été incorporé dès le 5 février 1941 et a été envoyé avec la *86. Infanterie-Division* dans le secteur central du front russe. Là, d'abord sur le Dniepr, puis à 80 kilomètres de Moscou, il a vécu le dur hiver de 1941-1942. Lorsque les Russes lancèrent leur grande offensive, le 6 décembre 1941, sa division dut battre en retraite pendant huit semaines et sur plusieurs centaines de kilomètres. Lützen a vécu la terrible opération « terre brûlée », il s'est trouvé isolé et a failli être capturé. Il a été blessé trois fois et après avoir eu les pieds gelés sans gravité, il est tombé malade, ce qui l'a conduit à effectuer un long séjour à l'hôpital. Après une permission de convalescence, ce tireur d'élite est tout d'abord envoyé au groupe de réserve à Hereford puis, à sa demande, il est transféré en Normandie. Lützen est décoré de la médaille de la Bataille d'hiver à l'Est *(dans le jargon des soldats : « l'ordre de la viande congelée »)*, de l'insigne d'argent des blessés et de l'insigne d'argent d'assaut de l'infanterie.

Peter Lützen en juillet 1942 alors qu'il n'est que caporal. Il sera promu caporal-chef le 7 janvier 1943 (comparer avec la photo de la page 14).

Peter Lützen, qui s'est marié peu avant, stationne tout d'abord près de Saint-Lô avec la 3e compagnie du *Grenadier-Regiment 726* de la *716. Infanterie-Division*. Là, il est reçu avec quelques autres camarades par le commandant de compagnie, le capitaine Ernst Ottemeier, un vétéran de la Première Guerre mondiale, très décoré et âgé de 47 ans. Ottemeier est originaire de Lage-sur-la-Lippe, en Westphalie. Pendant la Première Guerre mondiale, il était *Feldwebel* et, parmi d'autres décorations, il a reçu l'ordre pour le Mérite. Pendant la Seconde Guerre mondiale, il s'est trouvé dès l'hiver 1940-1941 en Pologne. Il était amical envers ses subordonnés et, en guise de bienvenue à ceux qui revenaient du Front de l'Est, il disait :

« *Vous avez déjà assez monté la garde à l'Est, c'est pourquoi, en Normandie, vous en serez dispensé…* »

Deux semaines plus tard, le régiment est transféré à Bayeux, à dix kilomètres en arrière de la côte, tandis qu'une partie des soldats qui stationnaient jusqu'à maintenant en France est envoyée en Russie. La 3e compagnie et quelques autres rejoignent le camp situé à seulement deux kilomètres de Bayeux *(près de Saint-Martin-des-Entrées. N.D.T.)*. Le caporal-chef Lützen rencontre dans ce camp des soldats nouvellement arrivés, des « Allemands ethniques » *(Volksdeutsche)* venant de territoires anciennement polonais et qui sont affectés aux régiments de ce secteur côtier. Dans ce camp, Lützen et d'autres nouveaux arrivés sont spécialement instruits pendant quatre semaines. L'un des chefs de

Ernst Ottemeier après son entrée dans la Wehrmacht et sa nomination au grade de sous-lieutenant, en 1933. Il était déjà Feldwebel lors de la Première Guerre mondiale et avait été décoré de la Croix de fer de 1re classe et de l'ordre pour le Mérite. Entre-temps, il avait reçu l'insigne sportif du Reich, ainsi que l'insigne militaire de la SA en bronze.

Bernhard Lehmkuhl en 1942 après son incorporation dans la Wehrmacht (comparer avec la photo de la page 13). Il fut blessé au « camp de Saint-Martin », situé à l'est de Bayeux, à la limite du quartier Saint-Exupère et de Saint-Martin-des-Entrées. Ce camp a été remplacé, après guerre, par des pavillons HLM sous le nom de « village Saint-Exupère ».

La croix de Fer de 1re classe du capitaine Ernst Ottemeier. Elle lui a été attribuée dès la Première Guerre mondiale (voir la date de création, la couronne impériale et le « W », monogramme de l'empereur Guillaume).
La croix de Fer attribuée pendant la Seconde Guerre mondiale portait la date de 1939 et la Croix gammée. La croix de Fer de 1re classe était attribuée pour un courage remarquable et pour services exceptionnels dans la conduite de la troupe.

section de la compagnie à laquelle Peter Lützen est affecté est un *Oberfeldwebel* nommé Ludwig Pie. Il est grand, blond, avec des cheveux légèrement ondulés et est bien vu par les soldats. Originaire de Haute Silésie, le caporal-chef Lützen est instruit au tir à la mitrailleuse dans une section de quatre hommes. Deux soldats de cette équipe MG sont les caporaux Kwiatkowski et Kowalski, âgés de 19 ans. Originaires de Gelsenkirchen, ils sont inséparables.

Dans les dernières semaines d'avril, un matin, plusieurs soldats nettoient les armes sur une longue table, dans une baraque du camp. Peter Lützen a reçu pour mission de surveiller l'opération. Les soldats démontent les armes et commencent à les nettoyer. Le caporal Dahlmann, âgé de 21 ans et originaire de Haute Silésie, se trouve en face du caporal-chef Bernhard Lehmkuhl, âgé de 34 ans. Lehmkuhl est né en 1908 à Handorf, près de Münster, et il est facteur depuis 1928. Il a été incorporé dès 1942 et, après une instruction de seulement deux semaines à la caserne Lützow, à Aix-la-Chapelle, il a été envoyé directement en Normandie où il est affecté à la cordonnerie de ce camp. Alors qu'il tourne le dos à la fenêtre ouverte et pivote légèrement sur la gauche pour engager la mince chaînette du nécessaire de nettoyage dans l'âme du canon du fusil, au même moment Dahlmann démonte la poignée de son pistolet P.08 dont la culasse n'a pas encore été retirée. Peter Lützen remarque aussitôt qu'une balle se trouve sur la table, devant Dahlmann, quand un coup retentit. Bernhard Lehmkuhl pousse un cri, porte sa main à l'abdomen et tombe sur le sol : une balle se trouvait encore dans le chargeur du pistolet de Dahlmann. Le projectile a traversé de biais l'abdomen et a manqué de peu les deux chefs de section ainsi que les *Oberfeldwebel* Pie et Schnüll qui passaient par là. Deux soldats sortent aussitôt en courant pour aller chercher un infirmier tandis que Bernhard Lehmkuhl se tord de douleur sur le sol en gémissant. Une ambulance, un *Sanka* (abréviation de *Sanitätskraftwagen*) arrive peu après et Lehmkuhl est transporté, aussi vite que possible, dans un hôpital proche. Entre-temps, l'*Oberfeldwebel* Pie demande des explications à Lützen, qu'il tient pour responsable de l'incident car il affirme que c'est la conséquence d'un manque d'attention. Pie reproche également à Lützen de ne pas avoir fait aussitôt fusiller Dahlmann pour sa négligence.

Quelques heures après cet incident, des nouvelles arrivent de l'hôpital. On apprend qu'outre la perforation de l'abdomen, la rate du caporal-chef Lehmkuhl a également été atteinte. Le médecin chef explique alors qu'avec une telle blessure, il y a une chance sur un million qu'elle puisse évoluer sans séquelles, ce qui est pourtant le cas ici *(Bernhard Lehmkuhl restera cependant, avec des accès de douleur passagers, neuf mois à l'hôpital et il bénéficiera ensuite d'un mois de convalescence. Entre-temps, le caporal Dahlmann aura été muté sur le front russe)*.

L'instruction finale dans le camp se termine par un exercice final. Juste avant le départ, Peter Lützen demande à l'*Oberfeldwebel* Pie si son équipe de mitrailleuse doit aussi emmener l'affût de l'arme. Pie ayant répondu par la négative, les hommes partent avec le seul MG. L'*Oberfeldwebel* Pie annonce alors au capitaine Ottemeier que la troupe est au complet, prête à partir à pied, puis il tance Lützen devant l'équipe parce qu'il n'a pas pris l'affût. Là-dessus, la troupe part sans le caporal-chef et son équipe MG. Lorsque tous sont partis, l'*Oberfeldwebel* Pie fait exécuter, de manière brutale, un exercice disciplinaire aux quatre soldats, au milieu de l'herbe haute et humide.

Ci-contre : le transfert de la 3ᵉ compagnie depuis le camp de Saint-Martin situé près de Bayeux jusqu'à la côte. Le capitaine Ottemeier est à cheval, en tête de la colonne.

L'insigne des blessés a été créé le 1ᵉʳ septembre 1939 (jour de la déclaration de guerre) sur le modèle de celui de la Première Guerre mondiale. Il était attribué à ceux qui avaient été blessés par l'action des armes ennemies. Le 1ᵉʳ degré (noir) était attribué pour une ou deux blessures, le 2ᵉ (argenté) pour trois ou quatre blessures et le 3ᵉ degré pour plus de quatre blessures.

Après l'instruction spéciale au camp de Saint-Martin, près de Bayeux, au début du mois de mai, la 3ᵉ compagnie est transférée sur la côte. Peter Lützen, vétéran de la guerre en Russie, est tout d'abord affecté au WN 40 situé sur le haut plateau côtier, à proximité de Vierville. Celui-ci n'est alors constitué que d'une baraque en bois pour deux soldats, de trois mitrailleuses et d'un mortier ; il n'y a pas encore de pièce d'artillerie. À la fin du mois de mai, la compagnie est affectée aux localités voisines de Saint-Laurent et de Colleville. Avec quelques autres soldats, Peter Lützen rejoint le WN 62. Là, le caporal-chef voit pour la première fois, sur la côte normande, des pièces d'artillerie. Ce sont de vieux canons tchèques de 7,65 cm (76,5 mm) modèle 1917 sur lesquels les 80 hommes qui sont venus avec lui en Normandie doivent être formés comme artilleurs. Cependant, il en ira autrement pour le courageux caporal-chef puisque, bien qu'il soit tireur d'élite, il devra en fait suivre une formation de téléphoniste… On lui confie ainsi le service du téléphone dans la pièce de garde située à l'entresol de la villa, près de l'entrée orientale *(l'entrée principale)* du WN 62. Dorénavant, sa mission consistera à établir un contact téléphonique permanent avec le PC de la compagnie à Saint-Laurent, et à transmettre également les informations provenant du WN 61 voisin. Peter Lützen effectue ce service téléphonique avec le caporal-chef Theodor Brinkbäumer, âgé de 33 ans.

Dans la villa située près de l'entrée principale du WN 62 se trouvent, au deuxième étage, deux pièces qui servent, à gauche, de chambrée pour dix soldats et, à droite, de quartier pour les sous-officiers Bauer, Förster et Schulte. Les deux caves servent quant à elles de cuisine pour la compagnie et de soute à munitions.

Theodor Brinkbäumer.

Bruno Plota (comparer avec la photo de la page 14).

Selon Peter Lützen, « *le sergent Ludwig Schulte ne comprenait rien à rien* ». Ainsi, lorsque le sergent apprend que le caporal-chef a reçu une instruction sur mitrailleuse, il lui demande s'il peut le former au maniement de cette arme. Lützen, qui s'est donné beaucoup de peine pour instruire le sergent, résumera finalement par ces mots tous les efforts déployés :
« *Pour lui, ce fut un enseignement attentif, pour rien…* »

Selon un ordre personnel d'Adolf Hitler, les jeunes recrues ne devaient plus être envoyées en Russie et c'est ainsi qu'arrivent en Normandie beaucoup de nouveaux soldats de la classe 1925. Hans Selbach, de Kürten, arrive ainsi en juillet 1943 sur le WN 62. Après avoir servi dans le *Reichs-Arbeits-Dienst (le RAD, le service du travail)*, il a ensuite effectué ses classes militaires à la caserne jaune *(Gelbe Kaserne)* d'Aix-la-Chapelle, avant d'arriver en Normandie.

Bruno Plota et Hermann Götsch avaient eux aussi été enrôlés dans le RAD en février 1943 et, trois mois plus tard, le 21 mai, ils étaient également arrivés à la caserne d'Aix-la-Chapelle pour faire leurs classes. L'incorporation de Bruno Plota s'était faite si vite qu'il n'avait pu achever ses études par la voie habituelle. Cependant, il lui avait été possible de passer son diplôme de menuisier six mois plus tôt. Après six semaines d'instruction spéciale à Elsenborn, en Belgique, ils arrivent fin août en Normandie. Hermann Götsch, serrurier de formation, est envoyé au WN 61 et Bruno Plota dans une maison de Saint-Laurent. De là, avec quelques autres camarades, il doit se rendre chaque jour sur le front de mer pour creuser des tranchées, à proximité de la plage, sur le WN 68 en construction. Seulement quatre semaines plus tard, il est affecté au WN 62 où, avec le caporal Bersik, il doit s'installer dans une baraque pour deux soldats située à proximité d'un abri semi-enterré destiné à la troupe qui a été édifié entre-temps.

Les soldats Heinz Bongard, de Hürth, et Franz Gockel, de Rhynern, près de Hamm, arrivent en Normandie le 4 septembre 1943. Ces jeunes gens, âgés de 17 ans, ont accompli leur période de service obligatoire d'une durée de trois mois au sein du RAD, puis leurs classes de jeunes recrues d'une durée de sept semaines dans le centre d'instruction de

Heinz Bongard (comparer avec la photo de la page 13).

Heinz Bongard (à gauche) et Franz Gockel (en arrière, à droite) dans la caserne d'instruction de Groesbeck près de Nimègue.

Groesbeck, aux Pays Bas, à huit kilomètres au sud de Nimègue. Ils rejoignent ensuite la Normandie dans un convoi ferroviaire de transport de troupes et connaissent leur « baptême du feu » peu avant Caen. En effet, lors d'un arrêt, le train de la *Wehrmacht* est attaqué par deux avions britanniques. Deux pièces quadruples de DCA *(Vierlings-Flak)* montées sur des wagons prennent aussitôt sous leur feu les avions de chasse qui font demi-tour. Avant d'arriver sur la côte, les jeunes soldats ont une première idée de la proximité entre la Grande-Bretagne et la Normandie…

Ces nouvelles recrues vont rencontrer en Normandie des soldats des unités d'origine qui ont pour une part déjà connu la retraite de l'hiver 1941-1942 sur le Front de l'Est, l'avance de l'été 1942 ou même la campagne de France de 1940. Les blessures, maladies et tout particulièrement les gelures subies sur le Front de l'Est avaient facilité le transfert en Italie ou en France de ces soldats. Franz Gockel est tout d'abord affecté dans une maison de Saint-Laurent, à proximité du poste de commandement de la 3ᵉ compagnie.

À la fin du mois d'octobre, le poste de commandement de la 3ᵉ compagnie du *Grenadier-Regiment 726* est transféré à Colleville pour être plus proche des WN 61 et WN 62. Quant au WN 63, avec son poste de commandement de compagnie, il est installé dans une ferme très ancienne dans le centre de Colleville. Cette propriété n'avait qu'une seule entrée qui pouvait être fermée par un portail de bois à deux battants donnant directement sur la route principale qui traverse la localité. Là se trouvent également le bureau de compagnie, l'armurerie, l'échelon de transport, l'officier payeur, la poste militaire avec une liaison téléphonique, et la cantine. Les soldats partant en permission peuvent acheter dans cette dernière quelques livres de beurre et jusqu'à 30 livres de viande. En Allemagne, où la nourriture est encore rationnée et ne peut être obtenue que contre des tickets, on se réjouit beaucoup de ces rations supplémentaires de beurre et de viande.

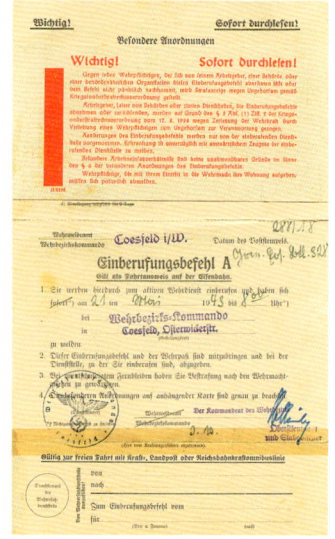

La feuille d'appel sous les drapeaux de Bruno Plota.

Franz Gockel (comparer avec la photo de la page 13).

La ferme du Chemineau, très ancienne, photographiée dans les années trente. En 1943-1944, elle servait de casernement à la 3ᵉ compagnie.

Le jeune Gockel, qui a maintenant ses quartiers dans cette ferme de Colleville, y est affecté comme agent de liaison et sentinelle au poste de garde. Mais, comme tous ses camarades, il est heureux d'être affecté en Normandie plutôt qu'en Russie.

La vieille ferme du Chemineau, située sur la D 514, à Colleville, aujourd'hui (comparer avec la photo de la page 26).

Ludwig Förster, peu avant sa promotion au grade de sergent.

D'autres soldats sont également en poste sur ce domaine de Colleville. Ainsi, entre-temps, sont arrivés le capitaine Ernst Ottemeier, commandant de compagnie, et le *Leutnant* Claus, de Brême qui, en tant que vétéran du front russe, est un exemple pour les jeunes soldats. Ce sous-lieutenant blond, âgé de 23 ans, aime la vie et les jolies filles de la région qui viennent souvent lui rendre visite dans son logement à la ferme. Il n'est pas strict sur le plan de la rigueur et utilise fréquemment sa moto pour ses nombreuses visites féminines.

Le sergent Ludwig Förster a ses quartiers à la ferme. Il était encore peu de temps auparavant caporal-chef et ordonnance du *Leutnant* Claus. Förster, affecté en France depuis 1940, aurait dû être muté sur le Front de l'Est si Claus ne l'avait pas fait promouvoir au grade de sergent et envoyé sur le WN 62, le rendant ainsi «inamovible». Ludwig Förster, âgé de 34 ans, est alors sellier diplômé et père de famille, avec une fille et deux fils. En 1939, jusqu'à son appel sous les drapeaux, il a travaillé sur le *Westwall (l'équivalent allemand de la ligne Maginot. N.D.T.)*. Bien que son père soit tombé au champ d'honneur sur le front occidental, près de Sedan, en 1915, lui et ses trois frères ont été incorporés dans la *Wehrmacht (tous ses frères seront tués en 1944-1945).*

Comme il l'avait déjà fait en tant qu'ordonnance de son lieutenant, Förster faisait tous les matins les lits de ses camarades sous-officiers et se faisait payer pour cela. À l'occasion de chacune de ses trois permissions annuelles, il amenait à sa femme Maria des bijoux et des articles de luxe venant de France et il la mettait à nouveau enceinte…

Heinz Bongard réside d'abord dans une villa romantique en pierre, à proximité de la petite localité de Saint-Laurent, directement sur le front de mer long de deux kilomètres et menant à Vierville. Comme les nids de résistance côtière sont encore en construction à cette époque et qu'il reste beaucoup à faire, les plans n'étant que partiellement établis, il faut improviser en bien des domaines. Ainsi, la petite villa du front de mer est-elle tout d'abord répertoriée comme point d'appui de Saint-Laurent. Là, outre quelques autres soldats qui seront mutés ultérieurement sur d'autres points d'appui, il fait la connaissance du caporal Michael Schnichels, âgé de 18 ans. Celui-ci est peut être le plus petit des camarades de Bongard, mais c'est aussi un homme fort et robuste, maréchal-ferrant dans le civil. Avec lui et les autres de son groupe, Heinz Bongard reçoit ensuite une instruction de tireur à la mitrailleuse.

D'autres jeunes soldats arrivés d'Allemagne avec un nouveau convoi de troupes au début du mois d'octobre sont répartis dans les trois cents points d'appui situés entre Le Havre et Cherbourg. À l'occasion d'une nouvelle répartition des soldats sur d'autres points d'appui, Michael Schnichels est affecté au WN 62 qui se trouve alors en sous-effectifs. « Michel », comme il se fait appeler, a été incorporé le 11 août 1943 dans la caserne d'instruction de Groesbeck, aux Pays Bas, après avoir effectué son service dans le RAD. Heinz Bongard et Franz Gockel avaient séjourné auparavant à cet endroit comme recrues pendant un mois seulement pour y recevoir leur instruction.

Michael Schnichels.

La petite villa située sur la promenade du front de mer constituait à l'origine le point d'appui de Saint-Laurent (la 2ᵉ depuis la gauche). Ici aussi, pour dégager le champ de tir, il était prévu de raser toutes les maisons (la première sera la villa à l'extrême gauche).

Avec les travaux de terrassement toujours plus importants des nouveaux points d'appui, on commence également à raser les nombreuses villas se trouvant à proximité de la plage ou au pied des plateaux côtiers, sur toute la baie de six kilomètres de long s'étendant entre Vierville et Colleville, afin de ne procurer aucune protection à un adversaire qui attaquerait, et pour dégager le champ de tir. Ainsi, les soldats qui logent dans une villa située sur le front de mer entre Saint-Laurent et Vierville, reçoivent l'ordre, en octobre, de raser la villa voisine. Heinz Bongard, Michel Schnichels et six de leurs camarades commencent alors ce travail pénible avec des pioches et des pelles. Ils ont à peine commencé que survient le sergent Ludwig Förster, qui les avait formés sur deux mitrailleuses, et qui se met à rire de leurs douloureux efforts. Bien que l'usage des explosifs soit réservé au Génie, le sergent s'en procure rapidement afin de détruire la villa tout en épargnant un dur travail aux jeunes soldats.

Après que la poussière de l'explosion est retombée et une fois le sergent Förster parti, arrive le capitaine Ottemeier. Celui-ci est fondamentalement opposé aux destructions de villas à l'explosif et il demande aux soldats occupés à évacuer les décombres :

« *Qu'est-ce que vous faites ici ?* »

Les soldats, qui ont de bonnes relations avec le sergent Förster et qui ne veulent pas le trahir, continuent à pelleter. Seul Heinz Bongard déclare :

« *Nous évacuons seulement les décombres...* »

Le commandant de compagnie est sceptique :

« *Ça n'a pas explosé ici ?*

– *Non...* »

Heinz Bongard devant la villa constituant provisoirement le point d'appui de Saint-Laurent.

Ottemeier ne s'en laisse pas remonter :
« *Mais qui a fait sauter ça ?* »

Depuis quelques semaines, la branche locale de Todt construisait des fortifications plus haut, sur le plateau WN 70 et 71, et Heinz Bongard répond alors :

« *C'est peut-être ceux de l'Organisation Todt qui ont fait sauter quelque chose là-haut...* »

À la fin du mois de novembre 1943, on explique aux soldats se trouvant à la ferme de Colleville que certains d'entre eux seront transférés

Ci-contre : après le dynamitage de la petite villa de la promenade du front de mer (à l'extrême gauche de la photo de la page 28). Les cabines de plage, les villas voisines et les pommiers furent aussi rasés.

Hermann Götsch.

Instruction au fonctionnement de la mitrailleuse au système de refroidissement par eau devant la villa servant au point d'appui. Dans le groupe, on reconnaît Hans Selbach (2ᵉ à gauche), Michael Schnichels (4ᵉ à gauche) et Hermann Götsch (à droite). Cette mitrailleuse a pour dénomination allemande sMG CKM w2,30 ; calibre 7,92 x 57mm ; alimentée par une bande de 300 coups ; longueur totale de 111cm ; poids de 17kg ; poids du trépied de 23,5kg ; vitesse initiale de 760m/sec. ; cadence de tir de 600/700 coups minute ; fabriquée sous licence Colt à Hartford, dans le Connecticut, aux États Unis.

sur le WN 62 qui s'est entre-temps agrandi. En quelques jours, on les familiarise à leurs nouvelles missions et, dans cette vieille ferme, ils reçoivent des formations particulières. Leur nouveau programme d'instruction prévoit notamment la formation sur mitrailleuse, mortier et canon antichar, des cours pour différencier les signaux de reconnaissance, pour utiliser des mots de passe ou pour savoir reconnaître les silhouettes des divers navires de guerre, ainsi que les types d'avions des Alliés.

Lorsque les soldats arrivent ensuite sur le point d'appui, ils sont déçus car il est très différent de ce que les actualités de la semaine montrent au cinéma sur les fortifications du Mur de l'Atlantique. On ne voit aucun bunker gigantesque dont sortirait le tube menaçant d'un très gros canon, ni de plages barricadées par de solides obstacles. Il n'y a encore rien de semblable sur le WN 62. Sur le point d'appui, il n'y a pas encore de bunker pour pièce d'artillerie *(il n'y en a pas non plus sur les autres points d'appui voisins…)*, seulement deux vieux canons tchèques de prise du type FK 17, d'un calibre de 7,65 cm. Ceux-ci sont installés vers le milieu du WN 62 sur une plate-forme en béton semi-circulaire, en plein air, placés seulement sous une structure en bois qui peut être facilement recouverte d'un filet de camouflage et de branchages.

L'un des deux vieux canons tchèques de 7,65 cm placés sur des plates-formes en béton dans la partie occidentale du WN 62. De gauche à droite: Alois Reckers, Bruno Plota et Hans Selbach.
La dénomination allemande officielle était Feldkanone Modell 1917 ou FK 303.

Calibre: 76,5 mm.
Longueur du tube: 207,8 cm.
Longueur totale: 229,7 cm.
Poids en ordre de combat: 1 319 kg.
Poids en ordre de marche: 2 089 kg.
Débattement: 8°
Pointage: -107/+45°
Vitesse initiale: 554 m/sec.
Poids du coup (obus explosif): 8 kg.
Portée: 11 400 m
Cadence de tir: 10 à 12 coups/min.
Fabriqué par Skoda à Pilsen.

Un canon antichar se trouve dans la partie basse du terrain, sur la droite, en plein air, placé dans une cavité ménagée dans le terrain, avec l'axe de tir dirigé vers l'entrée de la vallée. Il est lui aussi recouvert d'un filet de camouflage. Seuls deux petits Tobrouks en béton pour une mitrailleuse et un mortier ont été entre-temps terminés. Ce sont de petits encuvements en béton destinés à un ou deux hommes, conçus d'après une idée de Rommel pendant la campagne d'Afrique du Nord. Leur orifice en béton est au niveau du sol et offre une bonne protection pour un soldat. Ce Tobrouk

Tobrouk avec mitrailleuse.

Caractéristiques du MG 34.
Calibre: 7,92 x 57 mm. Alimentation par bandes de 250 cartouches.
Longueur du tube: 62,7 cm.
Longueur totale: 121,9 cm.
Poids: 11 kg.
Vit. in.: 755 m/sec.
Cadence: 900 coups/min.
Fabriqué par Mauserwerke à Berlin; Gustloff-Werke à Suhl; Maget à Berlin; Steyr-Daimler-Puch AG à Steyr et Waffenwerke à Brünn (Brno).

mesure environ quatre-vingts centimètres de diamètre, ressemble à un puits et peut abriter une mitrailleuse ou, pour ceux qui sont octogonaux, un mortier. Enfin, l'ouverture n'était pas obturable, pour pouvoir servir l'arme.

Les nouveaux soldats arrivés sur le WN 62 disposent alors d'une baraque pour la troupe, à moitié enterrée et construite au début de l'année 1943, où ils peuvent dormir. Pour ne pas être repérée par l'observation aérienne, cette baraque est recouverte d'un filet de camouflage. Elle ne peut abriter que dix personnes disposant d'un espace réduit et dans des conditions de vie primitives. Autour des cloisons de bois et même assez souvent à l'intérieur des lieux rôdent en effet, jour et nuit, de gros rats. Les soldats tuent ces bêtes piaillantes à coups de bottes. À proximité de cette baraque semi-enterrée se dresse encore la première baraque de bois érigée sur le point d'appui ; elle sert de logement à Plota et Bersik et est aussi infestée de rats.

Photo de groupe devant l'abri semi-souterrain pour la troupe (en arrière sur la droite), en juillet 1943.
À gauche, l'un des deux canons tchèques devant sa position provisoire. En avant, on aperçoit un cadre de bois sur lequel est fixé un filet de camouflage qui est remis en place, à des fins de camouflage, quand la pièce est remise dans sa position.
De gauche à droite. Un sous-officier avec quelques autres soldats de l'ancienne unité de base peu de temps avant leur départ du WN 62 ; à côté, le caporal Edmund Ferchau, un «Allemand ethnique» (Volksdeutsch) ; deux autres soldats «Allemands ethniques» de la troupe d'origine ; le soldat Franz Heckmann, âgé de 17 ans ; le sergent Ludwig Schulte ; un autre soldat de la troupe d'origine ; le caporal-chef Heinrich Krieftewirth ; le caporal-chef Valentin Lehrmann.

À l'est, près de l'entrée principale du WN 62, se dresse la villa, avec ses deux caves utilisées pour stocker les obus et pour abriter la cuisine de la compagnie. Entre-temps, les combles ont aussi été abattus pour dégager le champ de tir.

La présence des soldats dans un espace restreint a attiré ces derniers mois de gros rats sur le point d'appui, tout particulièrement parce que des déchets de nourriture se trouvent entreposés à proximité de la villa. Un jour d'automne, Peter Lützen dénombre plus de trente de ces bêtes sur ce dépotoir. Il dégaine son pistolet et se met à tirer. Mais le résultat de cette initiative stupide n'aboutit pas au massacre des rats…

Le chef-cuisinier de la villa est un boucher de 34 ans, originaire de Prusse-Orientale, le caporal-chef Fritz Riemann. Dans la cuisine de la cave travaillent également le caporal Alfred Liermann, âgé de 18 ans, et le caporal-chef Valentin Lehrmann. Ce dernier, âgé de 34 ans et né à Gelsenkirchen, était très religieux et effectuait son service comme cuisinier sur le WN 62. En 1934, il avait passé son examen de maîtrise en tant que boulanger. Après s'être marié trois mois plus tard, il avait ouvert sa propre boulangerie la même année. En 1939, il était le père d'une petite fille et avait été appelé sous les drapeaux dès 1940. Peu de temps après, sa femme avait accouché d'un garçon.

Fritz Riemann.

Une Française de 43 ans travaillait aussi à la cuisine, et tous les soldats l'appelaient Simone. Elle était mère de deux enfants et était payée pour son travail, comme tous les Français travaillant pour la *Wehrmacht*. Mais elle vivait dans des conditions sociales difficiles. Un jour, elle observe une fois encore quelques soldats du point d'appui en train de faire de beaux paquets de nourriture afin de les envoyer à leurs familles. Elle dit alors à Bruno Plota, les larmes aux yeux :

« *Mes enfants ont faim et vous envoyez de la nourriture en Allemagne...* »

Bruno Plota ne peut comprendre l'attitude de cette Française car, chaque jour, elle remmène chez elle un peu des grandes portions. Les portions de viande sont particulièrement abondantes car, lorsque le commandant de compagnie Ottemeier achète un bœuf, il doit être consommé rapidement puisqu'il n'y a pas de réfrigérateur. Ainsi, les soldats peuvent se ravitailler largement pour leur usage personnel. Ils roulent alors la viande crue dans des feuilles de chou, ou quelque chose d'analogue dans lequel la viande se conserve encore bien après deux jours de transport postal. Avec une solde mensuelle de 35 Reichsmark, les soldats peuvent également se permettre d'acheter en France beaucoup d'objets, comme des peignes, des bas de soie et d'autres petits articles de luxe qui ne sont plus disponibles en Allemagne, ou qui sont difficiles à obtenir, et qu'ils peuvent donc envoyer chez eux. De nombreux soldats se fabriquent de grandes cantines en bois avec lesquelles ils pourront ramener chez eux davantage de ces produits.

Dans cette situation particulière, où la population française vit de ses occupants, naissent régulièrement des situations curieuses qui rendent supportable cette coexistence inhabituelle, et ce même si l'atmosphère reste tendue des deux côtés. Ainsi, jusqu'à la fin de l'année 1943, il était possible aux pêcheurs locaux d'aller sur la plage, malgré les obstacles – encore dispersés – et de sortir en mer sur de petits bateaux. Ces pêcheurs, par leurs fréquentes incursions, connaissaient les champs de mines présents sur le rivage, près du point d'appui et, à marée basse, ils pouvaient aller beaucoup plus loin, là où il n'y avait pas de mines et installer sans risque leurs filets à de petites bouées spéciales, avant d'aller les relever à la marée suivante.

Par une agréable soirée, Bruno Plota est en train de monter la garde avec son fusil près de la plage et regarde le rivage largement dégagé par la marée basse. Soudain, il perçoit des pas légers derrière lui, se rapprochant au milieu de la lumière décroissante. Plota serre son fusil et crie :

« *Parole ?* » (le mot de passe).

Une voix d'homme réplique « *Monsieur Fisch !* » (Monsieur, poisson !). Puis l'ombre fait un signe amical à la sentinelle allemande en ramenant un paquet de filets sur le rivage :

« *Bonsoir, soldat !* »

Bruno Plota lui rend son salut.

La villa située à l'entrée principale du VVN 62 est naturellement reliée au réseau électrique de Colleville mais pas à ses canalisations d'eau courante. Ainsi, les soldats se lavent en utilisant une grande pompe en

La plaque individuelle (Erkennungsmarke) *de Bruno Plota, qu'il a reçue après son incorporation et lors de ses classes à Aix-la-Chapelle, avec les codes de son unité d'origine :* Stammkompanie, Grenadier-Regiment-Ersatz-Ausbildungs-Bataillon 328.

Bruno Plota.

L'insigne d'assaut d'infanterie en argent fut institué le 20 décembre 1939 et attribué à des fantassins ayant participé à au moins trois assauts en première ligne et ayant pris part à au moins trois journées de combat différentes.

Diplôme d'attribution de l'insigne d'assaut de l'infanterie.

fonte à balancier, installée derrière la maison. Par temps froid, ils transportent l'eau dans des seaux jusqu'à leur quartier semi-enterré.

Un jour, alors que Bruno Plota descend du centre du point d'appui et se rapproche de l'arrière de la villa, un chasseur-bombardier britannique arrive soudain de la mer et se dirige vers le bâtiment. Avant que Plota ait pu s'abriter, les mitrailleuses de bord se mettent à tirer et deux projectiles de gros calibre viennent claquer sur le haut balancier quadrangulaire en bois servant à équilibrer la pompe métallique, sans toutefois causer de dégâts, et passent en miaulant juste au-dessus de Plota. Les chasseurs-bombardiers disparaissent immédiatement.

Dans la partie basse du point d'appui, à proximité du Tobrouk situé en avant, coule un gros filet d'eau claire qui forme un jet courbe à partir d'une source située à une certaine hauteur dans le sol calcaire. Les soldats utilisent volontiers cette eau fraîche pour se doucher. Bruno Plota aime particulièrement cette source et s'y douche même en période froide, avec une eau qui ne fait que 7 °C.

Plota fait également autre chose, mais cette fois clandestinement : il pose des collets pour les lapins. Il a en effet remarqué que ces petites bêtes sont aussi abondantes que les rats sur le point d'appui. Elles se prennent dans les pièges et il les tue, le lapin grillé permettant aux soldats de varier avec plaisir un ordinaire qui serait autrement un peu morne.

Au matin du 5 décembre 1943, les soldats du WN 62 aperçoivent plusieurs bombardiers américains de type Forteresse Volante arrivant de la mer et approchant du point d'appui. Aussitôt, des tirs de mitrailleuses partent de tous les nids de résistance de ce secteur côtier. Lorsque les bombardiers ne se trouvent plus qu'à une distance de mille mètres de la côte, l'un d'eux s'enflamme soudain. La position antiaérienne du WN 60 a touché l'appareil avec sa mitrailleuse jumelée *(Zwillings-MG)*. Peu après, les soldats du point d'appui remarquent que deux membres d'équipage du bombardier en feu descendent en parachute vers la mer. En laissant derrière lui un long panache de fumée noire, l'avion descend et, alors qu'il passe au-dessus du WN 62, deux autres hommes sautent et leurs parachutes s'ouvrent. Puis le bombardier s'écrase à seulement 1,6 km dans les terres, directement en limite de Colleville, les soldats entendant l'explosion depuis le point d'appui. Elle est aussitôt suivie d'une deuxième détonation alors qu'explosent les munitions des armes de bord ainsi qu'une partie du chargement de bombes. Mais on ne voit plus les deux hommes qui ont sauté au-dessus de la mer, ils ont déjà disparu dans la houle marine. Franz Gockel est envoyé au lieu d'impact afin de garder l'épave, mais il est choqué en arrivant devant la carcasse encore fumante. L'avion a été totalement déchiqueté par l'explosion mais sa structure est encore reconnaissable. De toute évidence, l'équipage avait prévu de tomber en mer car, à quelques mètres de l'épave, on aperçoit un canot pneumatique gonflé, totalement intact. À proximité de la trappe de sortie du bombardier, se trouvent, recroquevillés et méconnaissables, six corps carbonisés des membres de l'équipage. Gockel racontera qu'à proximité on sentait clairement l'odeur de la chair humaine brûlée. Sur les flancs noircis du bombardier, Franz Gockel pourra reconnaître le modèle et les dates de fabrication de l'appareil. Il n'avait été terminé qu'à la fin du mois de novembre ; c'était sa première mission...

Le lendemain matin, le commandant de compagnie, Ernst Ottemeier, déclare que les deux occupants du bombardier qui ont réussi à sauter en parachute au-dessus des terres n'ont pas encore été retrouvés et sont recherchés de manière intensive. Des patrouilles ont été envoyées depuis les autres points d'appui.

La Normandie est une région au paysage impénétrable, coupée de haies, de hauts murs de pierre, d'étroits chemins creux, d'arbres enveloppés de lierre et d'un épais bocage. Cependant, l'un des deux Américains est rapidement trouvé. Il s'était cassé une jambe et était allongé entre deux haies épaisses. Le secteur où l'aviateur a été découvert est alors ratissé encore plus soigneusement, mais sans résultat. Tandis qu'un Français surgit d'un étroit chemin creux, on l'interpelle pour lui demander s'il n'aurait pas vu un soldat américain. La patrouille est surprise de voir le civil lever les bras : il s'agit en fait du deuxième Américain !

Comme ce dernier porte des habits civils, il est menacé d'être fusillé comme espion s'il ne dit pas où il a abandonné son uniforme et où il a trouvé les vêtements français. Sous la pression, l'Américain conduit la patrouille à une fermette et dévoile la cachette dans laquelle se trouve encore son uniforme. Pour collaboration avec l'ennemi, le paysan est arrêté. La peine de mort l'attend...

Le lendemain matin, les corps de deux autres aviateurs ont été rejetés par la mer entre le WN 61 et le WN 62. Ils se sont noyés à cause de leur lourde combinaison de cuir et de leurs épaisses bottes fourrées. Seul l'un des deux hommes avait réussi à ouvrir la fermeture de l'une de ses bottes. Lorsque leurs plaques individuelles leur furent enlevées, les soldats allemands purent constater que ces petites plaques d'aluminium étaient accrochées avec une chaînette autour du cou et non au moyen d'une cordelette de laine, comme dans la *Wehrmacht*. Les Allemands furent également surpris par les magnifiques montres spéciales portées par les officiers. De nombreux soldats des deux points d'appui voisins viennent dans le courant de la journée pour examiner les deux Américains morts, mais lorsque les cadavres sont emmenés dans l'après-midi, les montres ont disparu des poignets...

Outre les services religieux qui se tiennent périodiquement sur les points d'appui, la messe de Noël a lieu le 22 décembre dans l'église de Colleville pour les soldats des nids de résistance des alentours. Deux jours plus tard, dans l'après-midi de la nuit de Noël 1943, Bruno Plota passe par la partie inférieure du WN 62, en utilisant les tranchées. Passant devant la position antiaérienne (position ouverte d'une mitrailleuse jumelée), il aperçoit les deux «Allemands ethniques», Edmund Ferchau et Emil Drews, assis derrière leur mitrailleuse. Puis il se rend à la baraque pour deux hommes voisine. Au même moment, arrivant de Port-en-Bessin directement sur le point d'appui, un avion britannique isolé s'approche au-dessus de la mer en longeant la côte. Soudain, Plota entend une courte rafale provenant de la mitrailleuse jumelée. Il repart vite en courant vers la position antiaérienne pour voir pourquoi on a tiré. À sa grande surprise, la mitrailleuse est abandonnée. Au même instant,

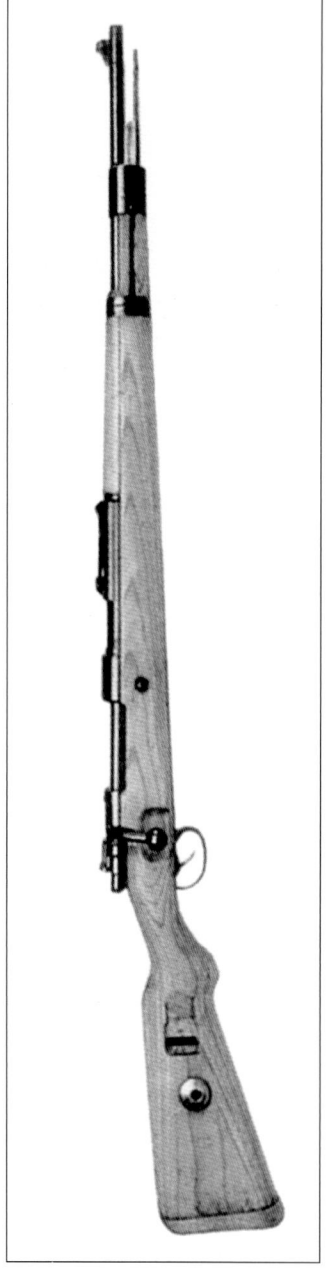

«*La fiancée du soldat*» surnom du fusil appelé Karabiner 98 K.
Calibre : 7,92 x 57 mm (version belge : 7,65 x 53,5 mm).
Longueur du tube : 73,9 cm.
Longueur totale : 110,75 cm.
Poids : 3,9 kg.
Vitesse initiale : 755 m/sec.
Fabricant : Mauserwerke AG à Obemdorf-sur-Neckar.

Plota remarque que l'avion ennemi se trouve très proche du WN 62. Avec beaucoup de présence d'esprit, il tire plusieurs rafales sur l'appareil, l'avion s'incline sur le côté et tombe dans la mer. L'*Oberschütze* (soldat de 1re classe) est stupéfait de son exploit et aperçoit les deux membres d'équipage descendant en parachute et tomber eux aussi en mer.

Peu après, le téléphone de campagne sonne dans la position antiaérienne et le *Leutnant* Claus lui demande s'il a ouvert le feu sur l'avion, ce que Plota confirme. Ensuite, le commandant du point d'appui veut savoir combien de coups Plota a tiré. Après ce rapport, il dit :

« *Plota, vous avez abattu l'appareil* » et il lui signale qu'une position antiaérienne de Port-en-Bessin revendique déjà le coup au but.

« *Vous avez gagné une permission spéciale, Plota.* »

Puis le sous-lieutenant raccroche. Lorsque l'épave de l'avion sera plus tard rejetée par la mer, on pourra établir, en examinant les impacts, que cet avion a effectivement été abattu par la position de Port-en-Bessin.

Rommel arrive

Le 5 novembre 1943, Hitler nomme le maréchal Erwin Rommel à la tête de la *Heeresgruppe B* ainsi que chef du Mur de l'Atlantique pour le Nord de la France.

« *Lorsque Rommel inspecte ensuite les points d'appui et les installations fortifiées, il est tout d'abord profondément déçu par leur puissance réelle* », rapporte le caporal-chef Hans Lücking, alors membre du IIe bataillon du *Grenadier-Regiment 726* de la *716. Infanterie-Division* et qui, en tant que cartographe, participa à certaines des tournées d'inspection. « *En fait, tous les points d'appui étaient trop faiblement occupés et manquaient d'armement.* »

Rommel est alors très mécontent de ces points d'appui tout à fait insuffisants et bien trop primitivement réalisés, et il fait de sévères reproches aux responsables de ce secteur côtier.

Il en est ainsi sur le WN 62 où, à l'exception de deux Tobrouks, il n'y a que des positions de campagne et de simples bunkers en terre qui ne sont reliés que par quelques tranchées. L'abri pour la troupe ne consiste toujours qu'en une baraque en bois à moitié enterrée et recouverte d'un filet de camouflage. Tout le nid de résistance – comme d'ailleurs tous ceux de la côte – n'est absolument pas protégé contre les bombes et l'artillerie de marine. Même les jeunes soldats ne considèrent pas vraiment leurs points d'appui comme des installations militaires…

Comme Rommel s'attend à une offensive de grande envergure lors d'un débarquement des alliés occidentaux, la plage est pour lui la ligne de défense principale et il veut à tout prix éviter que l'adversaire puisse débarquer et prendre pied. Par conséquent, une solide barrière défensive doit être établie directement sur la côte. À partir de là, il met en chantier de façon énergique ce « mur de propagande », comme l'a surnommé le commandant en chef à l'Ouest *(Oberbefehlshaber West)*, le maréchal von Rundstedt, et que Goebbels désignait sous le nom de « Mur de l'Atlantique ». De grands ensembles de bunkers avec des armes lourdes doivent sortir de terre aussi vite que possible.

Pour renforcer les troupes allemandes, des « Allemands ethniques » provenant de territoires autrefois polonais sont attribués à la compagnie.

Le maréchal Erwin Rommel, commandant en chef de la Heeresgruppe B, *et par conséquent chef du Mur de l'Atlantique dans le Nord de la France.*

Fréquent accompagnateur sur les points défensifs côtiers dans l'état-major de Rommel, le caporal-chef Hans Lücking, cartographe et observateur au sein de la 716. Infanterie-Division.

Mais la plupart ne maîtrisent pas la langue allemande et à cause de cela, il y a souvent d'importants problèmes de compréhension entre soldats allemands et «Allemands ethniques». Dans ce secteur côtier stationnent aussi, au sein des *716.* et *352. Infanterie-Divisionen*, d'importants contingents d'*Ost-Truppen* constitués de prisonniers de guerre russes, polonais ou yougoslaves. En revanche, il n'y en avait pas au sein de la 3ᵉ compagnie du *Grenadier-Regiment* 726.

Parmi les premières mesures lancées après sa prise de commandement du Mur de l'Atlantique dans le nord de la France, le maréchal Rommel engage dans ce secteur beaucoup de vétérans de la Première Guerre mondiale car ces derniers avaient l'expérience du combat défensif face à de puissantes attaques d'infanterie.

La croix de fer de IIᵉ classe était attribuée (comme celle de Iʳᵉ classe) pour courage et actions remarquables. Elle n'était portée pendante à la boutonnière, que le jour de l'attribution. Ensuite, seul le ruban était porté à la boutonnière.

Ci-contre. Le maréchal Rommel lors d'une inspection dans le Cotentin avec le général Marcks (à gauche) et le général von Schlieben (à droite).

Le 29 janvier 1944, Rommel arrive sur le WN 62 avec quelques officiers supérieurs de son état-major pour y avoir une vision générale de cette baie. Il est alors frappé par la ressemblance de celle-ci avec la baie de Salerne, en Italie, où les Alliés ont débarqué en septembre 1943.

Rommel considère la baie de six kilomètres de large, entre Colleville et Vierville, comme un terrain particulièrement idéal pour un débarquement. À l'issue de sa visite, il dit au capitaine Ottemeier et à quelques autres officiers supérieurs :

«*Cette baie doit être renforcée au plus vite contre une tentative de débarquement des Alliés, car le destin de l'Europe va se jouer ici…*»

Aussitôt, le maréchal confie à l'Organisation Todt la réalisation d'ensemble de bunkers et de casemates. À partir de là, la construction du WN 62 ainsi que des points d'appui voisins est lancée afin d'en faire des «positions en hérisson». Une entreprise de construction de Düsseldorf, qui travaillait pour l'Organisation Todt, employait des Français et principalement des Marocains, qui étaient payés pour leur travail. En seulement six semaines, ces travailleurs vont réaliser deux grandes casemates, sur les WN 62 et 60, destinées aux deux canons tchèques de 7,65 cm *(sur le côté occidental et vers le milieu du WN 62 avec les embrasures tournées vers le nord-ouest)*. 4 000 sacs de ciment seront nécessaires pour la construction de chacune des casemates.

Diplôme d'attribution de la croix de fer de Iʳᵉ classe. (Éditions Hirlé.)

Comme Rommel veut que les travaux de construction soient menés le plus rapidement possible, des soldats de la garnison du point d'appui vont y participer. Le caporal-chef Theodor Brinkbaümer, maçon dans le civil, est ainsi nommé responsable d'une équipe de travailleurs sur le WN 61 où on doit construire une grande casemate pour une pièce de 8,8 cm.

La médaille de la campagne d'hiver à l'Est en 1941-1942 a été instituée le 26 mai 1942. Elle était attribuée à tous les soldats ayant participé à des combats ou à des actions aériennes à l'Est, du 15 novembre 1941 au 15 avril 1942, et qui avaient subi des gelures ou des blessures, ou encore qui avaient fait leurs preuves pendant soixante jours.

Ci-contre : construction d'une casemate identique à celles édifiées par l'Organisation Todt sur le WN 62, au début de l'année 1944...

Un incident survient lors des travaux sur le WN 62, pendant les premières semaines du mois de mars 1944. Deux des Marocains qui travaillent sur la casemate inférieure en viennent aux mains lors d'une violente dispute, et l'un d'eux sort soudain un couteau pour frapper son adversaire. Le sergent Förster fait aussitôt arrêter le Marocain, et le sous-lieutenant Claus donne l'ordre à l'*Oberschütze* Plota de le conduire aussitôt au bureau de la compagnie, à la ferme de Colleville. Le Marocain doit marcher devant Plota qui porte son fusil sous le bras et qui est accompagné des deux chiens de garde du point d'appui, des bergers allemands. À mi-chemin, il rencontre soudain le sergent Eberhardt. Ce grand sous-officier, qui mesure près de deux mètres, solide, large d'épaules et trapu, est chargé de l'armurerie installée dans la ferme. Sa force inspire le respect aux soldats. Bruno Plota dit de lui : « *Là où il frappait, l'herbe ne repoussait plus...* »

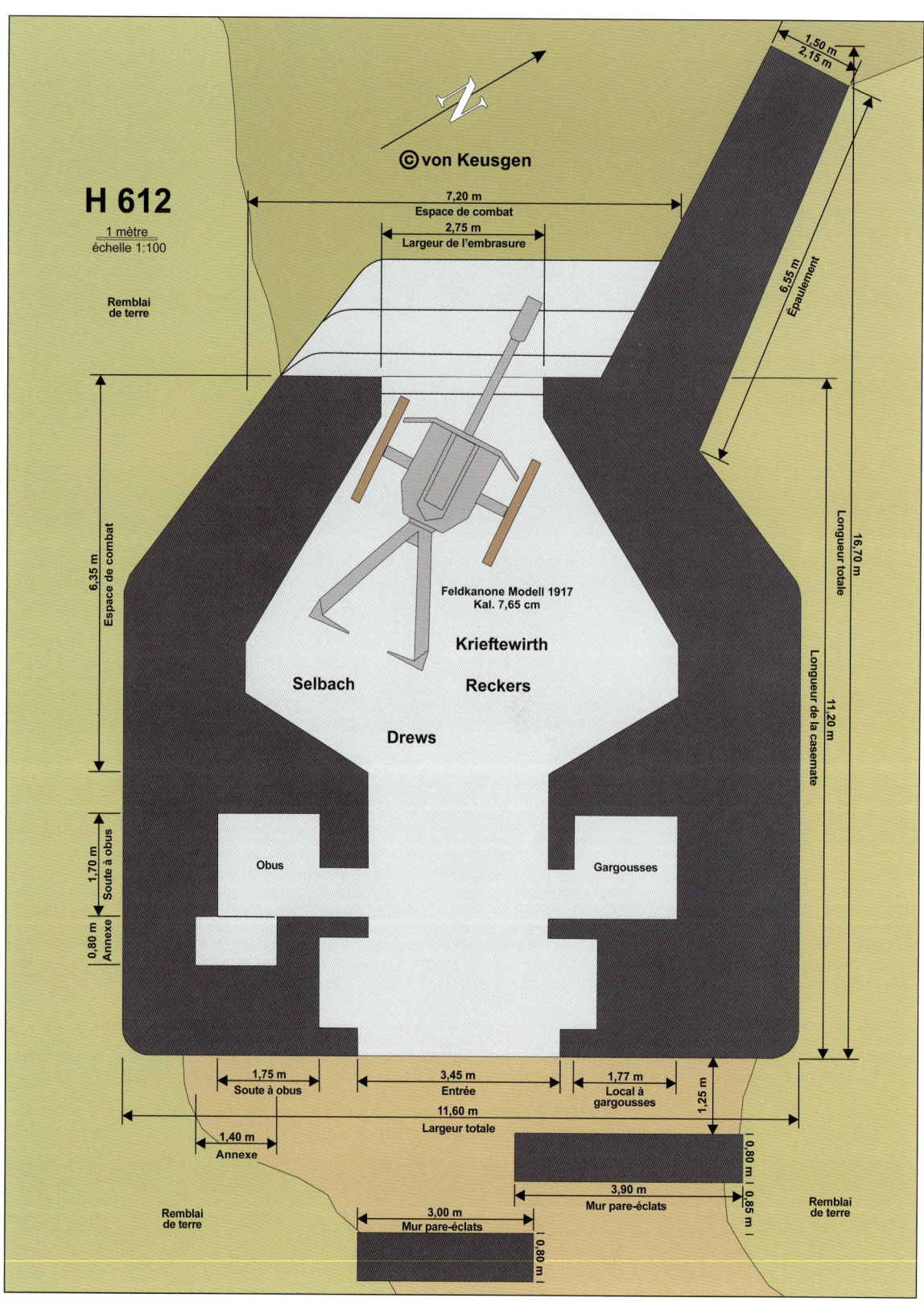

Illustration de gauche, page 38 : plan de la casemate inférieure du WN 62 pour le canon de campagne de 7,65 cm, qui est presque identique au Regelbau Nr.612 utilisé pour la casemate supérieure. L'épaisseur des murs et du plafond atteint deux mètres. Pour sa construction, il a fallu charrier 120 m³ de terre, 17 tonnes de fer rond et 4,1 tonnes d'acier formé ainsi que 385 m³ de béton. Les casemates du Regelbau 612 avaient pour dénomination officielle : Schartenstand für Lande- und Sturmabwehrgeschütze (embrasure pour pièces de combat terrestre et défensif).

Peter Lützen avait déjà prévenu le sergent par téléphone que Plota conduisait vers Colleville un Marocain « un peu agité ». Lorsque le redoutable sergent, sans arme, prend en charge le Marocain de Plota, il lui balance ses deux poings puissants en plein visage, et le fait courir devant lui jusqu'à Colleville…

Sur le WN 62, les deux casemates pour les pièces de 7,65 cm sont construites de façon à ce qu'elles puissent résister aux bombes moyennes et aux obus de l'artillerie de marine. Du côté de la mer, les murs extérieurs des deux casemates, hauts de trois mètres, sont épaulés jusqu'au sommet par un talus de terre destiné à les dissimuler et à les protéger, et sont rapidement camouflés par des mottes de gazon. L'armement du WN 62 est également renforcé, tandis que sur la plage on commence aussi à placer davantage d'obstacles pour contrer un éventuel débarquement de bateaux et de blindés. Il est également prévu de mettre en place sur la plage une barrière continue d'obstacles depuis la vallée de Colleville jusqu'à Vierville, situé à six kilomètres de là.

L'embrasure de la casemate inférieure tournée vers l'ouest.

Depuis la chambre de tir, il était possible de balayer la plage (en direction de l'ouest) jusqu'à Vierville. Dans cette chambre de tir, on pouvait placer tous les canons sans frein de bouche jusqu'au 7,65 cm. Le débattement s'étageait de 55° à 70°.

Le front d'entrée de la casemate inférieure avec les deux puissants murs anti-éclats (en regardant vers l'ouest). Pendant le tir, la porte d'entrée devait rester ouverte pour assurer la ventilation entre l'embrasure et l'entrée (le 6 juin 1944, les battants de porte n'étaient toujours pas installés...). Les casemates du Regelbau 612 (plan type 612) étaient construites dans les endroits où étaient placés les obusiers engagés dans la défense des plages.

Vue de l'entrée de la casemate. À l'intérieur (photo ci-dessus), l'une des deux soutes à munitions dans lesquelles 400 obus pouvaient être stockés (le 6 juin 1944, il n'y avait que la moitié du stock). De l'autre côté de l'entrée (tout à fait à droite de la photo) se trouve l'embrasure (comparer avec la page 43). La casemate inférieure fut terminée le 28 mars 1944, la supérieure le 30 avril. Le nombre de casemates du Regelbau 612 terminées était de 79 à la fin de la guerre, 287 étant encore en cours de construction.

Outre les deux casemates, un Tobrouk supplémentaire pour mortier *(vers le centre de la position)*, un Tobrouk double pour une mitrailleuse et un mortier ainsi que, tout près, un petit bunker pour une radio optique *(dans le haut de la position)* sont construits sur le WN 62. À proximité de ces derniers, on édifie en même temps, très rapidement, un abri souterrain dont la couverture est faite de tôle métro renforcée par des rails incurvés. Les deux chambrées de cet abri pourront héberger vingt hommes. Sur l'un des murs de chacune de ces chambrées sont installés des lits à deux étages fabriqués avec des planches clouées, ainsi qu'un lit métallique individuel à chaque extrémité. Pour dormir, les soldats disposent de sacs remplis de paille en guise de matelas. Seul Bruno Plota a amené de la villa située près de l'entrée principale le seul matelas en trois morceaux (à l'allemande) se trouvant sur le point d'appui. En raison de l'étroitesse des lieux et des conditions de vie primitives de ce quartier, les soins portés au second uniforme, le lavage du linge et le stockage des objets de valeur s'effectue dans une petite pièce de la villa, près de l'entrée principale. Les quelques objets personnels que les hommes gardent avec eux doivent être placés dans les lits étroits ou dans de petits cartons. Bien qu'après l'achèvement de ce bunker, trois poêles ronds en fonte aient été installés dans les deux pièces pour accélérer le séchage du béton *(ils devront en fait être retirés quelques jours plus tard)*, de l'eau ruissellera sur les murs humides longtemps après l'installation des soldats dans leurs quartiers. Par conséquent, l'air est alors humide dans ces pièces et sent fortement le ciment. Ce bunker souterrain est occupé par vingt hommes.

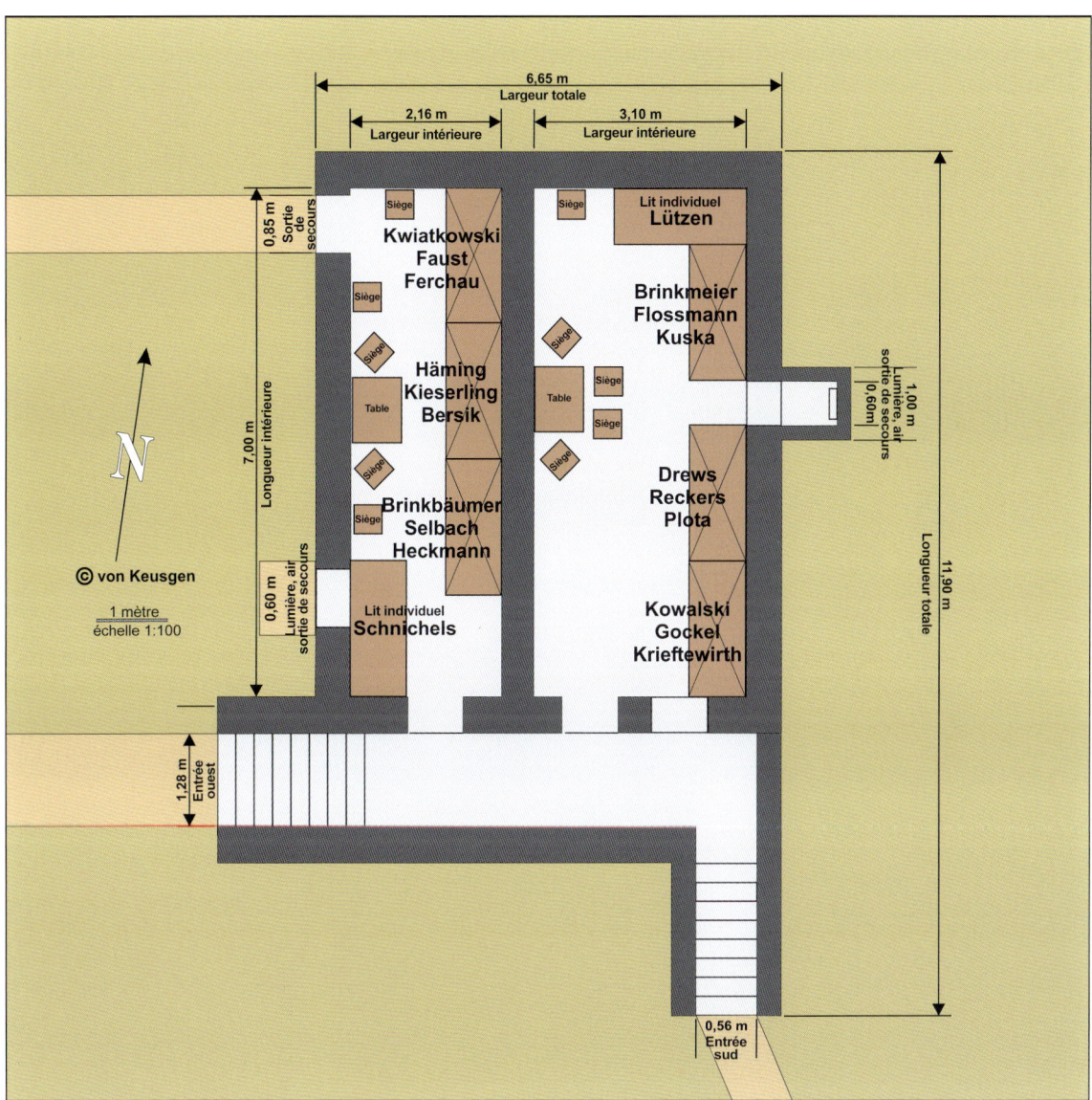

Plan de l'abri souterrain pour la troupe situé à 53 m d'altitude sur le plateau. Il a été conçu à l'origine pour douze soldats mais vingt hommes ont dû vivre dans ces locaux exigus. La plus petite des deux pièces était prévue pour servir de salle de séjour.

Quelques-uns des soldats qui sont maintenant affectés à ce bunker pour la troupe doivent quitter la baraque à moitié enterrée et se réjouissent de la plus grande solidité de ce nouvel abri *(peu après, la baraque semi-souterraine et la vieille baraque en bois seront rasées)*, mais Peter Lützen et ses autres camarades, qui se trouvaient installés au premier étage de la belle villa envahie de lumière, seront beaucoup moins ravis de se retrouver soudain dans l'obscurité d'un bunker souterrain… La villa ne sera plus occupée que par les responsables de la cuisine, Fritz Riemann et ses aides, Alfred Liermann et Valentin Lehrmann, ainsi que les sous-officiers Bauer, Rirster et Schulte.

Pour couvrir les incroyables besoins en sable et en gravier nécessaires à la réalisation des énormes masses de béton demandées, l'Organisation Todt se sert tout simplement sur la plage. La plupart des galets sont larges comme la main et épais comme le pouce et comme ils sont

Vue de l'entrée ouest de l'abri souterrain pour la troupe, puis en descendant les marches et ensuite dans le couloir d'accès aux deux chambrées dont les portes sont visibles, à gauche. Au bout, à droite, l'entrée sud.

Ci-contre : vue de la plus grande des chambrées, dont le couloir mène à l'escalier de l'entrée sud (visible au travers de la fenêtre).

Ci-dessous : le puits pour la lumière et l'aération donnant sur la plus grande chambrée. Il servait aussi de sortie de secours.

trop gros pour servir à fabriquer le béton, une machine à concasser est installée directement sur la plage, devant le WN 62, à seulement neuf mètres du haut du rivage et à peu de distance de la villa. Cette solution avait été mise au point par l'Organisation Todt pour obtenir du gravier. Tout d'abord, deux grands socles en béton furent coulés dans le sable orangé de la plage. Puis une haute structure métallique de quatre mètres et demi de haut a été érigée sur cette embase. Celle-ci comporte un réservoir en acier en forme d'entonnoir dans lequel les galets grossiers de

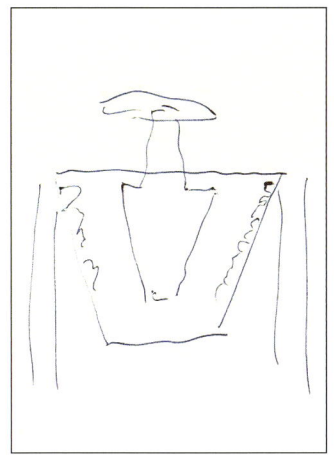

Croquis de Bruno Plota expliquant de façon schématique le fonctionnement du concasseur de galets : un broyeur entraîné par un moteur situé au-dessus tourne dans un grand entonnoir d'acier aux parois irrégulières.

la plage sont versés. Depuis cette structure de concassage de graviers, un tapis roulant avec assise en bois mène au haut de la plage. On installe alors, à proximité du talus haut de 1,80 m et descendant presque à pic jusqu'à la plage, une petite voie ferrée conduisant au WN 61 qui se trouve en face. Sur le point d'appui voisin est édifiée, en même temps que les deux bunkers pour pièces d'artillerie du WN 62, une grande casemate destinée à un canon antichar, un 8,8-cm-Pak, tourné vers l'ouest afin de pouvoir prendre sous son feu la plage située devant l'entrée de la vallée de Colleville ainsi que toute la plage, jusqu'à l'extrémité de la baie près de Vierville. Le tapis roulant du concasseur de galets est entraîné par un puissant moteur diesel Deutz et au moyen d'une roue dentée équipée d'une chaîne. Ce moteur se trouve en plein air, à vingt-cinq mètres de la plage, et quand il ne sert pas, il est recouvert d'une grande bâche.

Ci-contre : les deux socles en béton de l'ancien concasseur de galets.

Les restes de la base en bois du tapis roulant ont subsisté en haut de la plage jusqu'à la fin des années soixante-dix.

Comme Rommel prévoit un débarquement à marée haute, il fait maintenant mettre en place dans toute la baie et avec le renfort du Génie et de l'Organisation Todt, des défenses passives de plage composées d'obstacles disposés selon ses idées. Il les appelle « jardins du diable ».

En haut de la grève, ce sont des champs de mines, avec des mines reliées par des fils, et à l'endroit le plus plat de la plage il fait disposer une large barrière de mines. En avant, ce sont deux à trois rangées de tétraèdres en acier *(des « hérissons tchèques »)*, qui constituent une barrière antichar *(d'une hauteur allant de 1 m à 1,70 m, en forme d'étoile et partiellement fixés dans des plots en béton)*. Devant ces obstacles, Rommel a fait installer, de manière aléatoire, des groupes de pieux en bois de quatre mètres de long, enfoncés dans le sable de la plage sur plusieurs rangées, et qui sont souvent munis de mines vissées à leur extrémité. Cette mise en place des « asperges de Rommel » s'est faite de façon simple mais il a fallu la participation des pompiers de la ville de Bayeux – distante de 17 kilomètres –, pour les installer devant le WN 62. Le jet d'eau puissant de la lance à incendie a en effet été dirigé vers le sable et les pieux de bois, portés par un trépied élevé, ont eu leur extrémité rapidement engloutie dans le sable de la plage. Et si on laisse

à nouveau, lentement, agir le jet d'eau, le pieu s'enfonce jusqu'à la profondeur requise de deux mètres en quelques minutes. Plus loin encore, vers la mer, sont édifiées des rampes, principalement sur deux rangs. Ce sont des pieux de bois dont une des extrémités, enfoncée dans le sable, est dirigée vers la mer et dont l'autre, pointée vers la terre, s'appuie sur deux supports en bois. Elles sont disposées de cette manière pour que les péniches de débarquement, arrivant avec la marée haute, viennent glisser et se soulever sur ces rampes qui sont munies à leur extrémité de scies grossières ou de mines. Il existe aussi quelques éléments C, appelés également « portes belges » *(des portes en acier de 2,5 mètres de haut)*, qui sont placés ici comme obstacles et qui doivent être amenés sur la plage grâce à des attelages de chevaux. Tous ces obstacles de plage ont été disposés afin de se trouver sous le niveau de l'eau à marée haute et, ainsi invisibles, pour représenter un grand danger lors d'un débarquement. Cette barrière érigée dans la baie est longue de six kilomètres et mesure en moyenne 150 mètres de large.

Une grande partie des très épais et hauts buissons de genêts se trouvant sur le point d'appui est coupée. Certains sont cependant conservés pour garder un « certain côté naturel » et maintenir ainsi un aspect plus discret au point d'appui. Des rangées de buissons sont donc conservées en haut de la plage, au-delà de la voie ferrée étroite et du petit versant menant à la plage. Entre cette voie et le pied du plateau, un fossé antichar de deux mètres de large a été creusé qui s'étend le long de la petite route menant de la vallée au poste d'observation de la Marine. Le fossé commence à la villa qui se trouve à l'entrée orientale du point d'appui et se dirige vers la plage sur 125 mètres de long, avant de faire un angle de 270° pour courir parallèlement à la plage et s'arrêter à la sortie située au nord-ouest du point d'appui, à proximité de la villa où stationnent les soldats de la Marine. Ce fossé est en outre rempli d'eau grâce à un petit canal de jonction qui a été creusé et qui amène l'eau des trois étangs se trouvant au débouché de la vallée. Ces derniers sont alimentés en permanence par le ruisseau des moulins venant de Colleville.

Jusqu'au début de l'année 1944, il y a encore peu de tranchées sur la surface du point d'appui, et pour aménager la position un effort considérable sera nécessaire. On travaille donc chaque jour à l'extension du réseau de tranchées, un très dur travail en raison du terrain en pierres calcaires qui doit être entamé au pic et à la pelle. Et, chaque jour, les soldats n'avancent que de quelques mètres. Pour procurer la meilleure protection possible aux occupants du point d'appui, dans le cas d'une attaque, les tranchées sont creusées jusqu'à une profondeur

Rampes en bois contre les péniches de débarquement.

Une « porte belge » est amenée sur la plage.

Le « hérisson tchèque » est un obstacle antichar sur la plage.

Fossé antichar.

Pieu muni d'une mine, l'un des obstacles de plage conçus par Rommel pour arrêter les péniches de débarquement et surnommé « asperge de Rommel » par les soldats.

Rampe de bois munie d'une mine et d'une scie à son extrémité, appelée « ouvre-boîtes » par les soldats.

de 1,70 m ; larges de seulement un mètre, elles partent en zigzag tous les cinq mètres. De cette façon, des éclats d'obus qui seraient projetés dans cette tranchée ne causeraient que des dégâts limités… Les déblais dégagés par les pics sont déversés de part et d'autre de la tranchée, ce qui permet d'atteindre plus rapidement la profondeur nécessaire. Dans les tranchées, où l'on accède par des marches taillées dans le sol, on dispose aussi de petits piédestaux de bois grâce auxquels il est possible aux soldats de tirer par-dessus le rebord de la tranchée. Pour passer inaperçu à l'observation aérienne alliée, les déblais de calcaire formant des zones plus claires dans le paysage sont soigneusement recouverts de bandes de gazon prélevées dans les alentours pour fondre ces travaux dans le paysage. Il en est de même des déblais et terrassements présents sur les vastes plafonds de béton de casemates, sur les bunkers servant d'abri pour la troupe du local de transmissions ainsi que sur les bords des Tobrouk, qui sont camouflés de manière identique. De grandes surfaces de bandes de gazon sont ainsi prélevées dans la vallée de Colleville, ce qui cause la colère des paysans, dont les vaches paissent dans cette vallée fertile.

Pendant tous ces travaux effectués sur le WN 62, deux colonnes de travail constituées chacune de 25 hommes, sont formées grâce à la garnison du point d'appui et à des auxiliaires de troupes de l'Est *(Osttruppen – volontaires recrutés parmi les prisonniers de guerre soviétiques – N.D.T.).* L'une de ces colonnes, active sur la partie inférieure du point d'appui, est commandée par le caporal-chef Siegfried Kuska. L'autre, qui travaille sur la partie supérieure du point d'appui, est sous les ordres du caporal-chef Peter Lützen.

Un jour, lors de ces épuisants travaux de terrassement, une froide pluie pénétrante se met à tomber. Pour protéger ses hommes de ce temps froid et pluvieux inhabituel pour la Normandie, Lützen les fait s'abriter dans le nouveau bunker destiné au logement de la troupe. Peu après, le sergent Schulte surgit dans le bunker et demande :

« *Vous ne voulez pas travailler, Lützen ?* »

Le caporal-chef rétorque :

« *Je ne peux pas garantir que les gars seront encore en mesure d'assurer la garde après cela, avec des uniformes trempés.* » Cyniquement, Schulte demande :

« *Avez-vous aussi pu rentrer quand il pleuvait, en Russie ?* » Calmement, Lützen réplique :

« *Maintenant, nous sommes en France…* »

Brutalement, le sergent ordonne : « *Travaillez !* »

Là-dessus, Peter Lützen quitte le bunker avec ses soldats, mais personne ne reprend le travail, tous se montrant solidaires. Et, lorsque la pluie se met à tomber encore plus fort, Schulte sort du bunker et ordonne :

« *Tout le monde à l'intérieur !* »

Après la pluie, le travail reprend conformément aux ordres.

Entre-temps, un bunker assez exigu a été édifié à seulement 60 mètres de l'entrée nord de Colleville, directement au bord de l'étroite route de la vallée qui mène aux WN 61 et WN 62. Ce bunker de plain-pied comporte trois pièces en enfilade. À cet endroit, le plateau domine la vallée de trois mètres et le bunker s'y incruste. Souterrain de cet autre côté, il complète le PC de la compagnie établi dans la vieille ferme, dans la localité, à seulement 190 mètres de là. Il sert de PC au nouveau WN 63, de PC de la 3ᵉ compagnie du *Grenadier-Regiment 726* de la *716. Infanterie-Division,* mais aussi de PC pour le 1ᵉʳ bataillon du *Grenadier-Regiment 915* de la *352. Infanterie-Division* se trouvant à proximité, dans l'arrière-pays. Ce WN 63 ne dispose d'aucun moyen défensif mais, en tant que poste de commandement, il est équipé de trois tables, de quelques chaises et d'une radio optique en cas d'alerte. Ici se tiennent (sporadiquement) le commandant de la 3ᵉ compagnie, le capitaine Ernst Ottemeier, et son adjudant de compagnie, le *Stabsfeldwebel* Paul Hahn, ainsi que le *Kommandeur* du Iᵉʳ bataillon du *Grenadier-Regiment 915*, le Dr Ernst-August Lohmann.

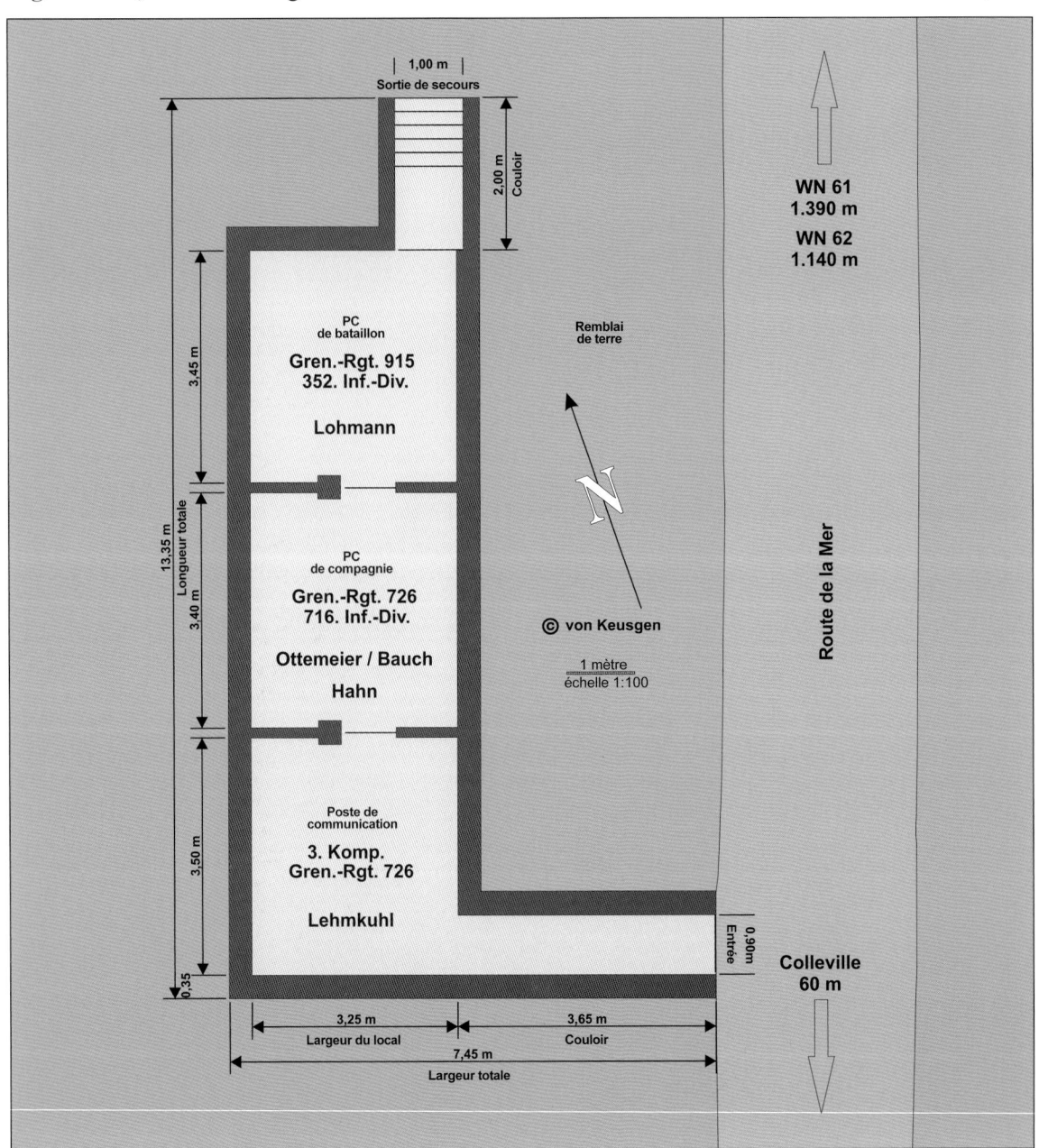

Plan de l'ouvrage souterrain du WN 63 qui servit de poste de commandement pour la 3ᵉ compagnie du Grenadier-Regiment 726 *et pour le 1ᵉʳ bataillon du* Grenadier-Regiment 915. *Ici se trouvait aussi le poste de communication relié avec le WN 62 distant de 1 140 m.*

La porte de l'entrée principale du poste de commandement souterrain, donnant sur la route de la vallée, et les pièces intérieures (photo de droite) du WN 63 dévastées par une grenade américaine le 6 juin 1944 en fin de soirée (dans le fond, la sortie de secours menant vers le haut).

Ce dernier, major de réserve, était un juriste âgé de 40 ans, originaire de Wilhelmshöhe près de Cassel. Tous logent alors dans la grande ferme où sont installés leurs bureaux officiels.

Entre-temps, après sa blessure au bas de ventre *(reçue à la fin du mois d'avril 1943)* et une convalescence d'une durée de dix mois, le caporal-chef Bernhard Lehmkuhl est revenu dans son unité maintenant stationnée sur la côte. Lorsqu'il se présente au bureau de la compagnie, le *Stabsfeldwebel* l'interroge sur son état de santé. Le caporal-chef a lu depuis longtemps l'attestation médicale qui, contrairement aux usages en vigueur, lui a été remise dans une enveloppe non close par le médecin-chef pour être transmise au bureau de la compagnie. Lehmkuhl sait que sa blessure au bas-ventre ne le rend « apte qu'à un service limité » et l'exempt de tout exercice. Pour donner plus de poids à cette attestation, il dit :

« *Quand je serai épuisé, je m'assiérai près de mon fusil…* »

À la vue de ces éléments, le *Stabsfeldwebel* lui attribue une affectation à la poste et au central téléphonique de la compagnie. En outre, il est exempt du port du fusil et, à la place, on le dote d'un pistolet.

Un petit bunker est édifié par l'Organisation Todt dans la partie centrale du WN 62. Il servira de poste d'observation et de direction de tir à la 1re batterie du 1er groupe de l'*Artillerie-Regiment 352* de la *352. Infanterie-Division*, située à 4,5 kilomètres dans l'arrière-pays. Dans ce but, un bunker spécial destinés aux transmissions est également édifié à proximité (à 23 m plus haut, sur le versant), qui pourra établir la communication avec la batterie installée à Houtteville. Peu de temps après l'achèvement de ces deux bunkers, on y installe un poste d'observation pour l'*Oberleutnant* Bernhard Frerking. Dans l'étroit local d'observation de ce poste sont installés uniquement une chaise et, sur un support, un télémètre équipé d'une molette graduée permettant d'établir les coordonnées de tir. Dans le local exigu situé en arrière, près de l'entrée du bunker, se trouvent une petite table en bois avec un téléphone de campagne et une autre chaise. Le bunker de transmissions est équipé d'une table, de cinq chaises, d'un téléphone de campagne et d'un appareil radio *(habituellement, le téléphone*

L'adjudant de compagnie chargé de l'administration de la 3e compagnie du Grenadier-Regiment 726, le Stabsfeldwebel *Paul Hahn*.

est utilisé pour les liaisons car on l'actionne en basculant uniquement une simple touche. Si le téléphone devenait inutilisable, le poste radio resterait, lui, disponible. Sa fine antenne de quatre mètres de haut sort alors par une étroite embrasure amenant air et lumière).

Bernhard Frerking, né à Hanovre, est âgé de 32 ans. Il possède des talents de musicien et d'artiste : il joue du piano et de l'orgue et sait très bien dessiner. Dans le civil, il est professeur d'anglais, de français et de sport. Il vient du Front de l'Est et il a été décoré de la croix de Fer de IIe classe et de la médaille pour la participation à la campagne de l'hiver 1941-1942. Sur le front russe, Frerking est tombé malade, atteint d'une hépatite et il aurait dû être réformé. Mais, après une longue convalescence, il s'est porté volontaire pour servir en Normandie car, en Allemagne à cette époque, il y avait peu de débouchés pour les professeurs. Toutefois, sa femme n'était pas satisfaite de sa décision. En outre, son père, très porté sur l'astrologie, lui avait conseillé avec insistance de ne pas rester soldat plus longtemps et, plus particulièrement de ne pas se faire affecter en Normandie – les étoiles ne lui étaient pas favorables…

Désormais, le lieutenant Frerking commande la 1re batterie de l'*Artillerie-Regiment 352*. Son supérieur est le *Major* Werner Pluskat *(installé au poste d'observation – B-Stelle – du WN 59, à proximité de la petite baie de Sainte-Honorine-des-Pertes et avec ses quartiers au château d'Etreham, à 3,2 kilomètres dans l'arrière-pays)*. Frerking est alors le père d'un petit garçon de sept ans et d'une fille âgée de quatre ans, et il a depuis longtemps appris que, depuis sa dernière permission *(à la Noël 1943)*, sa femme était à nouveau enceinte *(de Gunhild, née le 22 septembre 1944 et qui ne verra jamais son père)*.

Le lieutenant Bernhard Frerking, chef de la 1re batterie du Ier groupe de l'Artillerie-Regiment 352.

Ci-contre : le WN 62. En regardant vers l'ouest, depuis l'ancienne position du MG du caporal Heinrich Severloh (angle en bas à droite), remblayée aujourd'hui. Le petit bunker souterrain (à droite de la photo) servit au lieutenant Frerking de poste d'observation d'artillerie. Au bout de la tranchée, grimpant la pente, on aperçoit le bunker souterrain qui servit de bunker pour les transmissions (tout à fait à droite).

Frerking est presque toujours accompagné de son ordonnance, âgé de 21 ans, le caporal Heinrich Severloh. Hein, comme il se fait appeler, est un grand et solide fils de paysan originaire du petit village de Metzingen, dans le canton de Celle, dans la lande de Lüneburg. Son commandant de batterie l'appelle souvent, de façon amicale, Till *(en référence à* Till l'Espiègle*)* à cause de ses espiègleries et de son comportement facétieux.

Severloh, qui a été appelé sous les drapeaux le 23 juillet 1942, à l'âge de 19 ans, a aussi participé à la terrible campagne d'hiver en Russie, sur

Plans de la page suivante :

En haut : le plan du bunker du poste d'observation de la 1re batterie de l'Artillerie-Regiment 352 avec la position du MG.

En bas : Bunker de transmissions du poste.

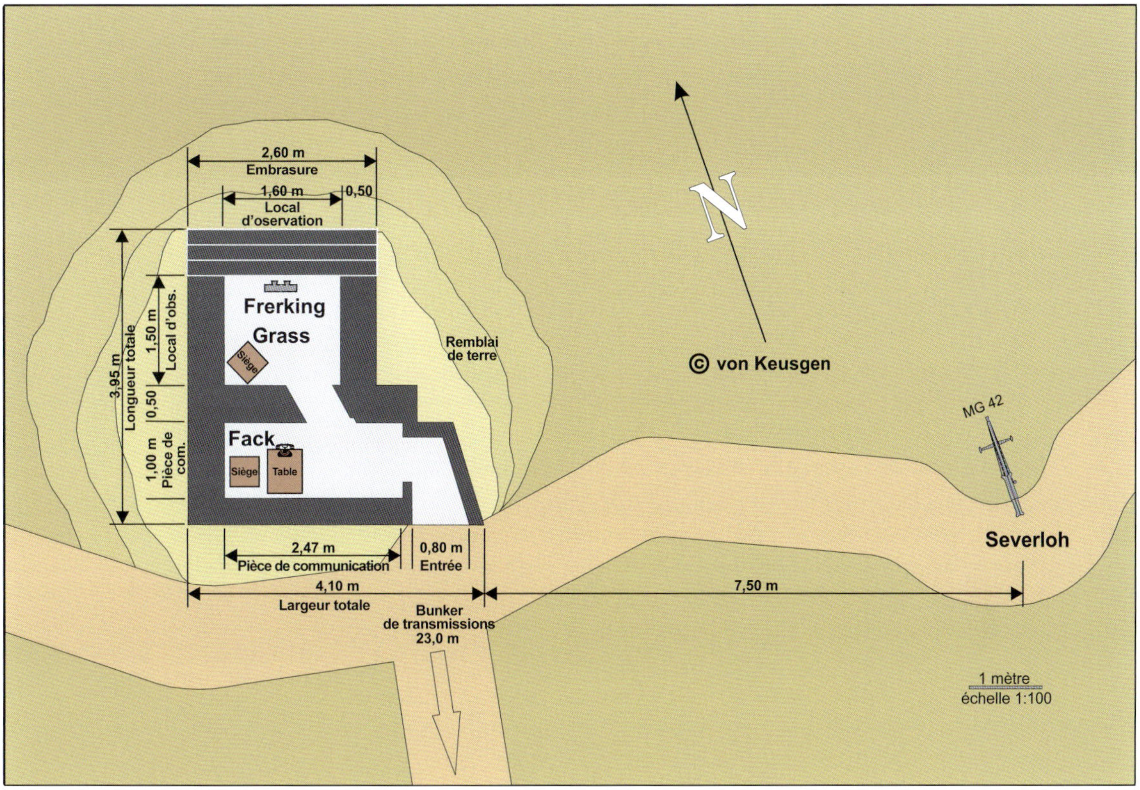
2,60 m
Embrasure
1,60 m
0,50
Local
d'oservation
Frerking
Grass
Siège
3,95 m
Longueur totale
1,50 m
Local d'obs.
0,50
1,00 m
Pièce de
com.
Fack
Siège
Table
Remblai
de terre
N
© von Keusgen
MG 42
Severloh
2,47 m
Pièce de communication
0,80 m
Entrée
4,10 m
Largeur totale
7,50 m
Bunker
de transmissions
23,0 m
1 mètre
échelle 1:100

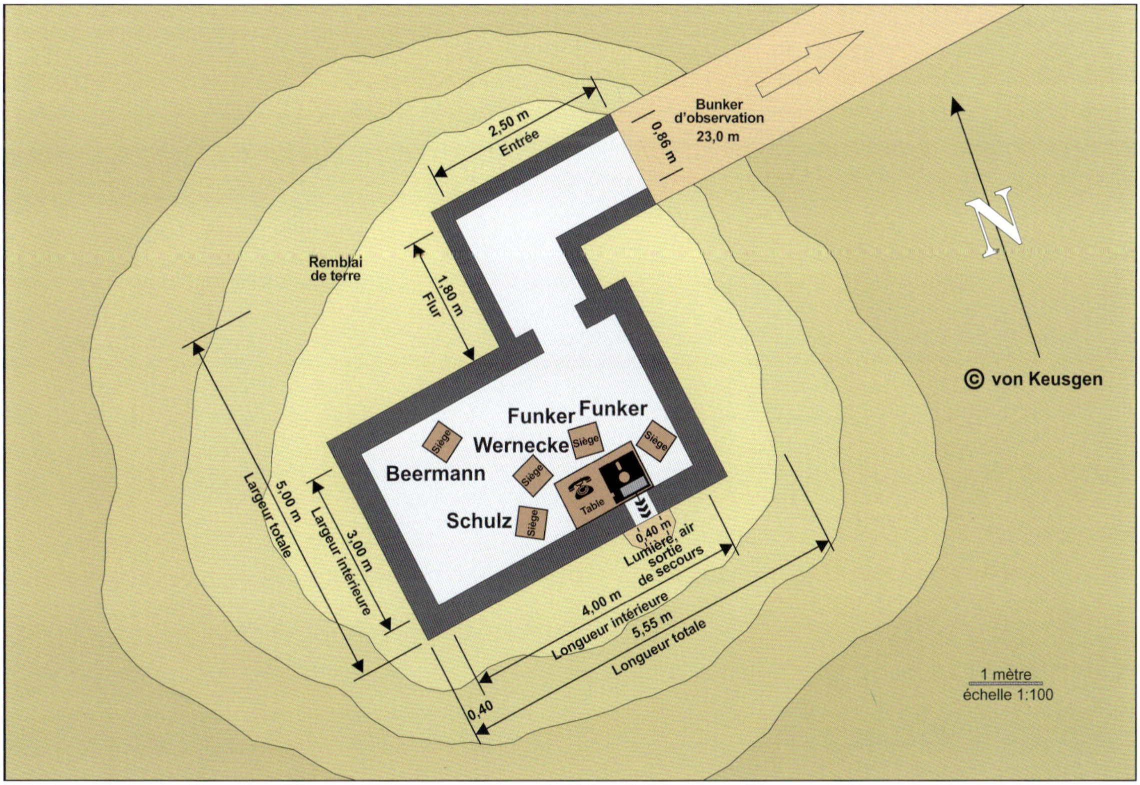
Bunker
d'observation
23,0 m
2,50 m
Entrée
0,86 m
N
Remblai
de terre
1,80 m
Flur
© von Keusgen
Funker
Funker
Wernecke
Beermann
Schulz
Siège
Table
0,40 m
Lumière, air
sortie
de secours
5,00 m
Largeur totale
3,00 m
Largeur intérieure
4,00 m
Longueur intérieure
5,55 m
Longueur totale
0,40
1 mètre
échelle 1:100

le Front de l'Est. Outre les pieds gelés, il a également subi une grave inflammation au cou. Après une opération, une longue convalescence et une permission, il a rejoint son unité en décembre 1943 et a été envoyé en Normandie où, après de lourdes pertes en Russie, la *321. Infanterie-Division* avait été transférée pour y être incorporée à la *352. Infanterie-Division* nouvellement formée.

Frerking et Severloh, qui s'entendaient très bien, sont alors les seuls soldats logés sur la grande et belle propriété des Legrand, à proximité du village de Houtteville *(à quatre kilomètres derrière la côte)*, et aussi tout près *(à 500 mètres au sud)* de la 1re batterie de leur régiment, située en plein air mais bien dissimulée sous de grands arbres. Là, les quatre obusiers de 10,5 cm sont dirigés vers la plage qui s'étend directement devant le WN 62. Pour pointer ces obusiers avec précision, le lieutenant Frerking se rend occasionnellement sur le point d'appui. Severloh, amène alors son chef de batterie avec une carriole lors de ces visites. Là, il a à sa disposition une mitrailleuse MG 42, récente, très précise, avec une cadence de tir rapide, qui est placée sur le bord d'une tranchée située à sept mètres et demi du bunker d'observation. Le sergent Beermann, qui fait aussi partie de la 1re batterie, affecté au poste d'observation, est responsable de la disponibilité et du bon état de marche de cette arme.

Outre le lieutenant Frerking, le sous-lieutenant Wilhelm Grass, âgé de 23 ans, et le *Wachtmeister* Ewald Fack sont également affectés à ce poste d'observation. Grass est le chef de batterie adjoint et l'officier directeur de tir sur le WN 62, au côté de Frerking. Le *Wachtmeister (grade équivalent à celui de* Feldwebel*, sergent-chef, dans les unités à cheval)* Fack est responsable des communications du poste d'observation avec la batterie située à l'arrière, au moyen du téléphone installé dans le local d'entrée exigu du bunker d'observation. Il doit transmettre les diverses informations fournies par Frerking au bunker des transmissions situé sur le coteau, à 23 mètres. Là, les radios transmettent les informations à la 1re batterie. Hein Severloh n'a pas une bonne opinion de Fack :

« De tous ceux que j'ai rencontrés à l'armée, c'est lui qui avait la plus grande gueule, il savait tout mieux que tout le monde et était chicanier... »

Hein Severloh alors jeune recrue âgée de 19 ans en 1942 (ci-dessus) et seulement un an plus tard (ci-dessous) – la Russie l'a marqué...

Une vue actuelle (photomontage) des deux pièces exiguës du bunker du poste d'observation d'artillerie du Régiment 352. Dans l'étroit local de communications (à gauche) était assis le Wachtmeister Fack. Dans le local d'observation (à droite) se trouvaient le lieutenant Frerking et le sous-lieutenant Grass.

Vue axonométrique du bunker d'observation avec ses parois épaisses jusqu'à 40 centimètres.

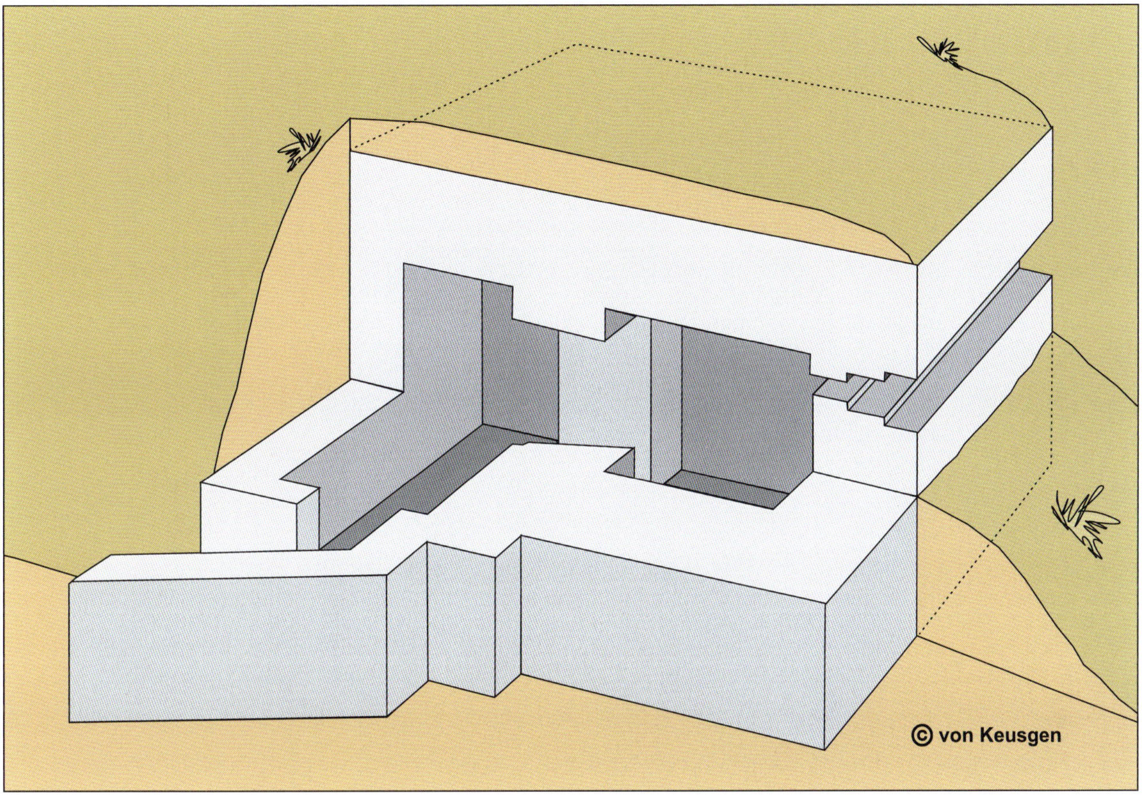

Tandis que le lieutenant donne à sa batterie, depuis ce poste d'observation, les coordonnées et les ordres de tir pour des exercices *(ceci sera plus tard simultané car, autrement, les obstacles de plage auraient été détruits par des tirs et les munitions devaient être économisées)*, le caporal Severloh se trouve de son côté dans sa tranchée de 1,70 mètre de profondeur taillée dans le calcaire, dans sa position pour MG, en train de regarder la mer. Il a pour seule mission de garder le poste d'observation.

L'entrée du bunker d'observation.

Le 30 avril 1944, alors que les travaux sur les deux grands bunkers pour pièces d'artillerie sont terminés, beaucoup de travail a également été accompli sur le terrain du WN 62. Du chantier a en effet surgi un point d'appui qui a certes pris une allure plus militaire, mais qui n'est pas encore assez puissant pour ce qu'il va subir cinq semaines plus tard... Même si les soldats sont heureux d'être stationnés en Normandie, au lieu de se trouver sur le Front de l'Est, ils se font de plus en plus de soucis en ce qui concerne un éventuel débarquement depuis l'inspection effectuée par Rommel sur le point d'appui.

On roule les deux vieux canons tchèques de 7,65 cm depuis leurs plateaux en béton semi-circulaires jusqu'à leurs nouvelles casemates *(ils sont pointés vers la plage, à l'ouest du WN 62, en direction de Saint-Laurent et Vierville)*, dont le béton n'est pas encore totalement pris, et dont les murs épais sont encore humides. La mise en place des volets d'acier des grandes embrasures doit se faire ultérieurement *(en fait elle n'aura jamais lieu)*. Les supports des mitrailleuses et des mortiers sont montés dans les Tobrouk *(mais pas encore les armes)*. Sur presque toute la largeur de la baie, le haut de la plage a été sécurisé par une barrière de mines reliées entre elles par des fils de déclenchement. Devant le WN 62, on a laissé un rideau de hauts genêts pour camoufler ces fils. Cependant, tous ces travaux, mesures de défense et de camouflage, ne peuvent empêcher que le WN 62, avec son versant incliné, puisse être presque totalement observé depuis la mer et ne puisse en aucune façon être comparé aux grands points d'appui du Pas-de-Calais où l'on attend également le débarquement. Lorsqu'un jour le capitaine Ottemeier remonte vers le WN 62 depuis la plage avec Peter Lützen, il demande au caporal-chef :

« *Dites-moi franchement, Lützen, que pensez-vous vraiment de notre Mur de l'Atlantique ?* »

Le vétéran du front russe réplique :

« *Les armes lourdes doivent être placées en arrière et pas en avant, comme partout ici...* »

« *Oui, dit le capitaine, c'était comme ça pendant la Première Guerre mondiale, les armes lourdes étaient en arrière...* »

Le Hauptmann *Ernst Ottemeier*.

Les soldats stationnés sur le WN 62 sont maintenant affectés à leurs nouveaux bunkers et positions. Franz Gockel, âgé de 19 ans, doit occuper une petite position de campagne protégée seulement par quelques chevrons et des troncs d'arbre qui se trouve à droite, dans la partie basse du WN 62, à 80 mètres de la plage. Dans cette position se trouve une vieille mitrailleuse polonaise de la Première Guerre mondiale refroidie par eau, placée sur un trépied, que Gockel est chargé de servir. En outre, à l'arrière de l'abri en bois légèrement enfoncé dans le sol, se trouvent les leviers de commande des deux lance-flammes fixes installés près de sa position par le Génie quelques semaines seulement auparavant. Au pied du versant, Franz Gockel occupe une position d'où il doit sécuriser et défendre le flanc droit avancé du WN 62, ainsi que ce côté de l'embouchure de la vallée qui comprend l'importante route stratégique menant vers Colleville. Les deux lance-flammes sont placés dans ces directions respectives.

À seulement 9,5 mètres devant la position de mitrailleuse de Gockel, et encore plus près de la plage, se trouve une position de campagne non protégée, recouverte seulement par un filet de camouflage et abritant un canon antichar de 5 cm tourné vers l'entrée de la vallée et le WN 61. Cette position n'est pas visible de la mer et elle ne peut pas non plus être atteinte depuis la plage située devant le WN 62. Les servants de ce canon antichar sont le caporal-chef Siegfried Kuska, 32 ans, et le soldat Franz Heckmann, âgé de 17 ans.

Siegfried Kuska vient de Sterkrade, près de Bonn. Il a vécu en Russie et s'est marié avec une Russe qui n'a pas voulu quitter son pays après que lui-même a été expulsé de Russie. Ensuite, il s'est engagé volontaire dans la *Wehrmacht* et a été envoyé au combat dès la campagne de Pologne, puis sur le Front de l'Est. Là, il a fait ses preuves et, progressivement, a atteint le grade de sergent-chef ; comme Peter Lützen, il a été décoré de l'insigne d'assaut d'infanterie. Mais, après en être venu aux mains avec un officier, il a été rétrogradé au grade de caporal-chef. Peter Lützen disait de Kuska qu'il avait une « sacrée tête de cochon » mais que les sous-officiers du WN 62 avaient le plus grand respect pour lui.

Le lance-flammes défensif (AFm V42) est installé à poste fixe, enterré pour ne laisser sortir que le tuyau. Il contient 12 litres de liquide inflammable envoyé en un seul jet pendant 5 à 10 secondes jusqu'à 50 mètres. Le jet de flammes atteignait une température de 1 000 degrés.

Page Suivante : plan de la position antichar du caporal-chef Siegfried Kuska et de la position de la mitrailleuse du caporal Franz Gockel. Les deux armes étaient dirigées vers l'entrée de la vallée.

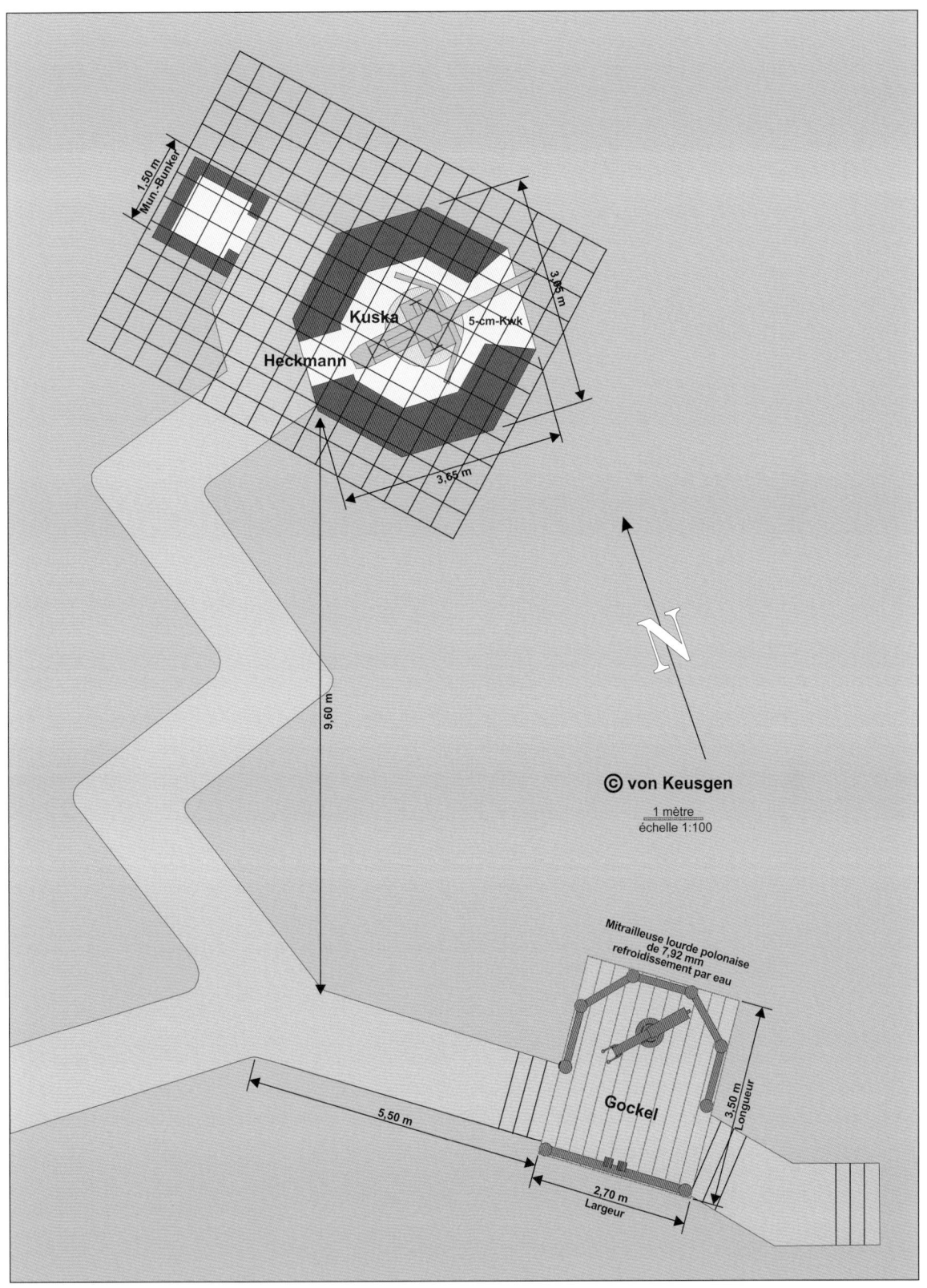

Dans le secteur central du point d'appui se trouvent deux Tobrouk pour mortier de 5 cm dans lesquels sont installés le soldat Edmund Ferchau, un « *Volksdeutsch* » de 35 ans, et le soldat de 1ʳᵉ classe Bruno Plota, âgé de 19 ans. À 45 mètres à l'est du Tobrouk de Plota, presque à la même hauteur, se trouve un encuvement en béton circulaire d'un mètre de haut, abritant une position pour mitrailleuse jumelée antiaérienne sur affût tournant *(du modèle MG 34)*. Tous les hommes de troupe, à l'exception de Peter Lützen et de Siegfried Kuska, doivent y monter la garde à tour de rôle par fraction de deux heures. Dans cette position est installé un téléphone qui est en relation directe avec le poste de garde de la villa. À dix-huit mètres en dessous, directement devant le poste d'observation d'artillerie, une autre mitrailleuse (MG 34) se trouve dans un bunker ouvert ; elle est attribuée au grenadier Christian Faust, âgé de 19 ans. À soixante-dix mètres de cette position, vers l'est, dans la partie inférieure du point d'appui, se trouve une autre position non couverte équipée d'une vieille mitrailleuse sur trépied à refroidissement par eau, qui est attribuée au soldat Helmut Kieserling, âgé de 19 ans. Dans la partie du WN 62 la plus proche de la mer *(à 60 mètres de la plage)* se trouve un autre Tobrouk avec une mitrailleuse *(MG 34)* montée sur un trépied et attribuée aux caporaux Ludwig Kwiatkowski, âgé de 19 ans, et Théo Kowalski. Il y a là un autre téléphone qui est aussi relié au poste de garde situé à l'entrée du point d'appui.

Le Tobrouk de Bruno Plota avec son ouverture octogonale caractéristique et l'embase (tablette de tir) pour un mortier de 5 cm (cf. page 55).

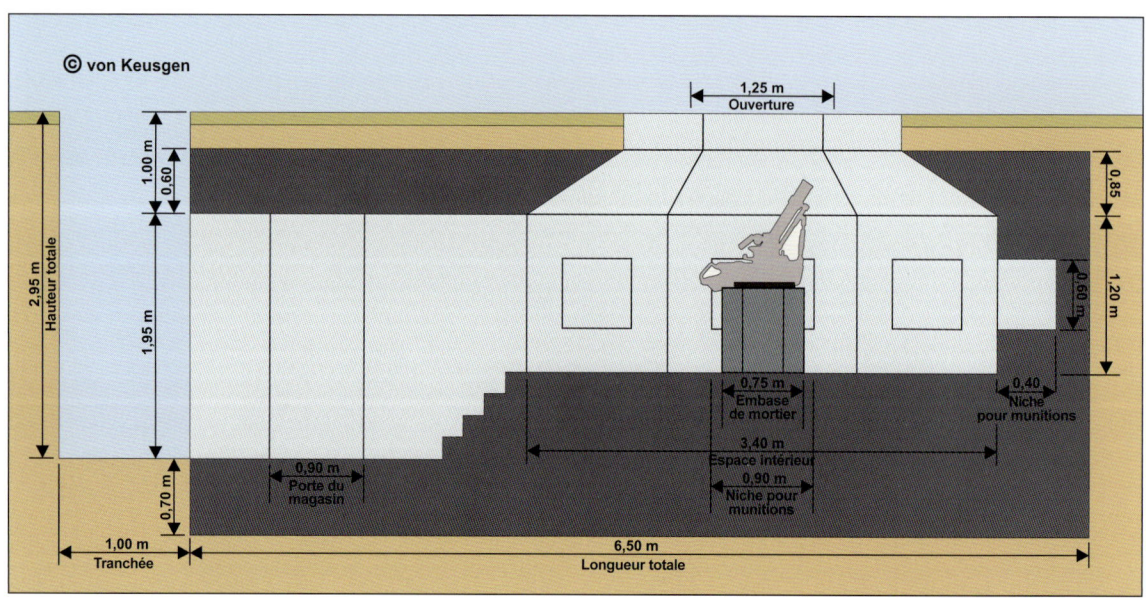

Coupe d'un Tobrouk pour un mortier de 5 cm avec la jonction de la tranchée. Les positions pour mitrailleuse se distinguaient par le fait qu'elles n'avaient pas de tablettes de tir.

Le caporal-chef Lützen, âgé de 23 ans, responsable comme auparavant des communications entre le poste de commandement de la compagnie, le WN 62 et le WN 61, est maintenant affecté au point le plus haut du WN 62, à 53 mètres au-dessus de la mer, dans un nouveau petit bunker dans lequel a été installée, outre un poste de radio *(nom de code « Heinrich »)*, une radio optique *(nom de code « Cäsar »)* qui est dirigée vers le WN 63. Le caporal-chef Plota est son suppléant et a été formé par Lützen à la technique d'emploi assez inhabituelle de cet équipement.

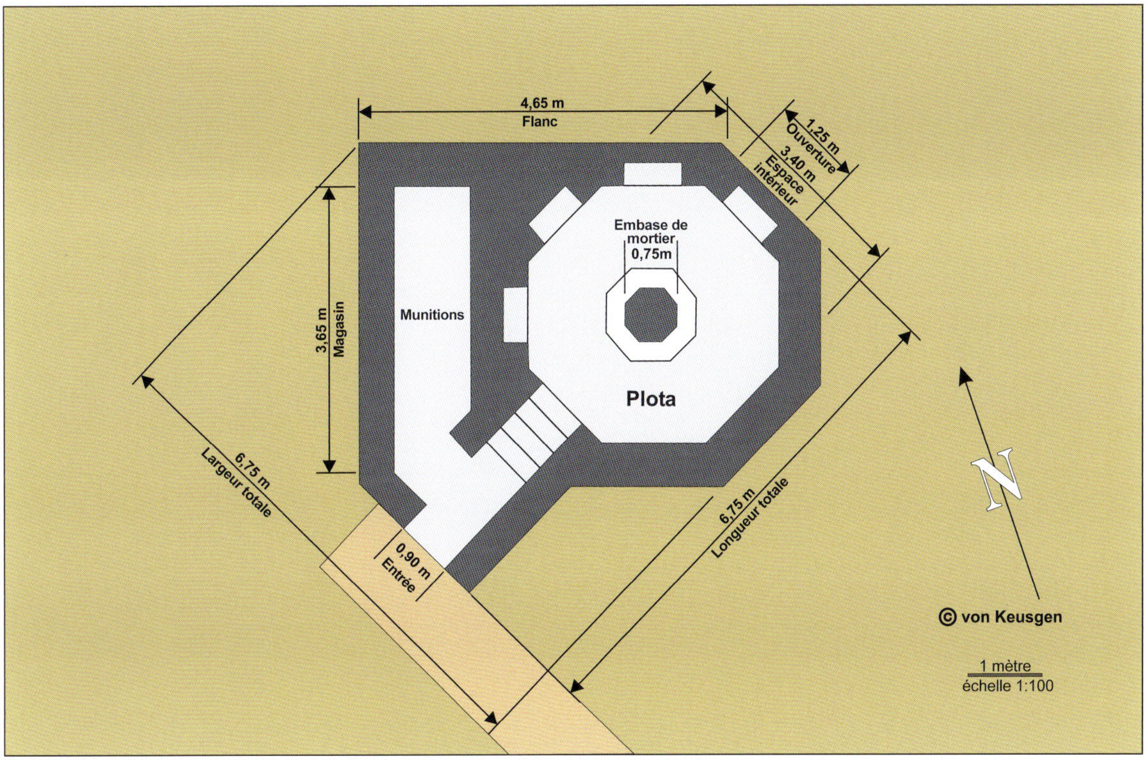

Plan du Tobrouk pour mortier de 5 cm du soldat de 1ʳᵉ classe Plota (identique à celui du caporal Ferchau).

Mais, en cas d'alerte, Plota, dans son Tobrouk pour mortier, se trouve à proximité de la casemate supérieure.

Le petit bunker pour le Lichtsprechgerät *(au premier plan) d'où le caporal-chef Peter Lutzen communiquait avec le WN 63. À côté (à gauche), les deux ouvertures des doubles Tobrouk. En arrière, l'entrée de l'abri souterrain pour la troupe avec la cheminée pour la lumière et l'aération (en arrière-plan). Toute cette position se trouve au sommet du point d'appui (à 53 mètres au-dessus du niveau de la mer).*

*La radio optique (*Lichtsprechgerät *- en abrégé* LSG*) est un tube jumelé (semblable à des jumelles) d'environ 35 centimètres de long placé sur un support stable. La fonction de ce système de communication inhabituel (moyen de transmission pour communication radio optique) consiste à ce que l'utilisateur de l'appareil (qui se limite exclusivement à des communications à vue) envoie une faible lumière qui est retranscrite par le récepteur. Si les éclats lumineux sont envoyés les* uns derrière les autres, la luminosité peut être atténuée, et ces rayons (de lumière modulée) ne peuvent cependant être optiquement reconnus par quiconque. Les éclats lumineux sont retranscrits au moyen d'un câble relié à des écouteurs et à un micro de l'appareil en question pour téléphoner avec son vis-à-vis (par des signaux clignotants, ainsi que par des signaux de morse). Comme le rayon lumineux n'a qu'une dispersion de 0,3°, sa lecture ou son écoute par un troisième est impossible, notamment car son rayonnement n'est pas perceptible par l'œil. Le LSG reste efficace même par le soleil le plus vif.

Caractéristiques: émetteur/récepteur N 11303 (N 11805 Trupp)
Portée: 3 kilomètres par visibilité moyenne,
6 kilomètres par bonne visibilité.
Moyens de visée: 2 molettes pour le réglage en hauteur et en latitude, viseur, jumelle directionnelle avec coefficient 5 d'agrandissement.
Lampe: 2,4 volts, 4 watts.
Firme électrique: Thalovidezelle.
Équipement des tubes: 4 x RV2P800.
Source d'énergie: accumulateur de 2,4 volts, batterie anode de 60 volts.
Poids: environ 20 kg.
Année de production: 1937.
Fabricant: Carl Zeiss, Iéna.
N° d'invention: 9999020, 9998407.
(L'appareil permet une autre possibilité technique dont Lützen et Plota feront usage il permet de recevoir de la musique émise par la radio.)

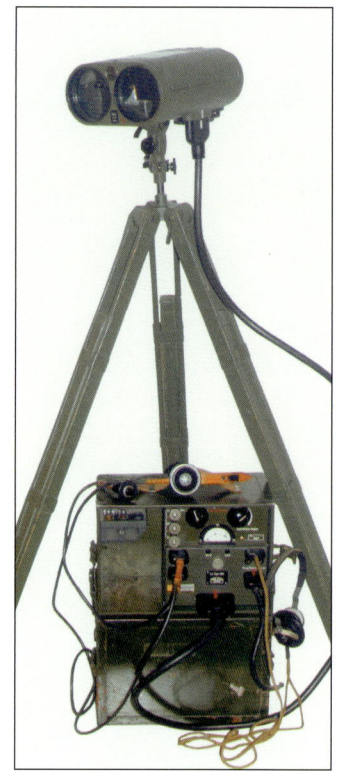

Lichtsprechgerät (LSG).

Entre-temps, le caporal-chef Bernhard Lehmkuhl, âgé de 36 ans, doit se rendre chaque jour du bureau de poste et de téléphone situé dans la ferme, au nouveau bunker souterrain du WN 63 où le poste de commandement de la compagnie est installé, pour assurer la formation sur le LSG qui s'y trouve pour la communication avec le WN 62. Pour protéger ce LSG du mauvais temps, on a construit un petit édicule sur le toit du bunker.

Il est d'une nécessité croissante d'installer de nouveaux moyens de communication car, d'une part on veut mettre en place les techniques les plus sûres, d'autre part les actions de sabotage menées par la Résistance française s'accroissent. Les moyens de communication conventionnels qui sont disponibles sont effet de plus en plus souvent interrompus, principalement en sciant les poteaux de téléphone et de télégraphe érigés par les soldats allemands. Pour limiter ces actes de sabotage, beaucoup de mâts sont munis d'une charge explosive. et des fils de métal fin passant à travers le bois déclenchent une explosion en cas d'agression. Cependant, les poteaux continuent de tomber et les liaisons d'être interrompues…

Dans la casemate inférieure du WN 62 se trouvent maintenant le caporal-chef Heinrich Krieftewirth, âgé de 35 ans, qui sert de chef de pièce, et le caporal Alois Reckers, âgé de 19 ans, qui agit comme pointeur sur la pièce tchèque de 7,65 cm, le caporal Hans Selbach, âgé de 19 ans, et le soldat Emil Drews, « *Volksdeutsch* » âgé de 20 ans, servent quant à eux de pourvoyeurs. Le chef de pièce de la casemate supérieure est le caporal-chef Heinrich Brinkmeier, 36 ans, le pointeur est le caporal-chef Theodor Brinkbäumer, âgé de 35 ans, les pourvoyeurs de munitions sont

La tranchée longue de onze mètres reliant l'abri souterrain pour la troupe au LSG-Bunker (en arrière-plan). (À droite de l'entrée du Tobrouk double; page suivante.)

le caporal Anton Flossmann, 40 ans, et le grenadier Paul Häming, âgé de 19 ans. À cause d'un manque accru de munitions, les tirs d'exercice occasionnels sur la plage sont de plus en plus rares ; on économise déjà…

Le sergent Franz Bauer est l'un des soldats de la garnison d'origine et stationne déjà depuis longtemps sur le point d'appui. Originaire d'Aschaffenburg, en Bavière, amical et avec un bon esprit de camaraderie, il se retrouve cependant affecté à une unité spéciale mise sur pied dans l'arrière-pays en tant que réserve opérationnelle. Certains de ses autres camarades de la garnison d'origine ont déjà été affectés à cette réserve opérationnelle *(comme cela se produit sur tous les points d'appui)*.

Sur l'escalier de la villa située à l'entrée orientale du WN 62. Derrière la petite fenêtre de droite se trouve le poste de garde. Sur l'escalier, de gauche à droite, le sergent Ludwig Schulte, le caporal-chef Peter Lützen et le sergent Franz Bauer.

Le sous-lieutenant Hermann Claus (26 ans), qui aime la vie, est devenu entre-temps commandant de point d'appui, responsable stratégiquement pour les WN 59, 60, 61, et 62. Claus est affable, assez libertin, joue souvent au *skat (un jeu de cartes allemand)* avec ses soldats – qui s'entendent tous très bien avec lui –, dans le nouveau bunker de la troupe. Il n'habite plus maintenant dans la ferme de Colleville, mais dans une chambre de l'étage inférieur de la villa, à l'entrée principale du point d'appui.

Il y a toujours un gros problème sur le WN 62. En effet, le nouveau Tobrouk double à son sommet n'a pas encore été équipé d'une mitrailleuse et d'un mortier, et ses soutes de munitions restent par conséquent vides. Armes et munitions ont pourtant été annoncées depuis longtemps. Dans ce Tobrouk, le caporal Gustav Bersik, 29 ans, doit en fait être affecté à un mortier, tandis que le caporal Michel Schnichels, 19 ans, qui avait été spécialement instruit à la villa de la promenade du front de mer de Saint-Laurent, avait été muté au début du mois de mars sur le WN 62 où une mitrailleuse lui avait été attribuée. Il reste également à creuser de grandes longueurs de tranchées.

Le Tobrouk double pour un mortier de 5 cm (devant) et une mitrailleuse (à gauche). La tranchée relie la position avec le LSG Bunker (vers la droite) ainsi que l'abri pour la troupe (en arrière sur la droite).

Le caporal-chef Lützen, l'un des soldats les plus expérimentés, est devenu entre-temps le suppléant du commandant du point d'appui et doit le seconder dans ses nombreuses responsabilités au sein du WN 62.

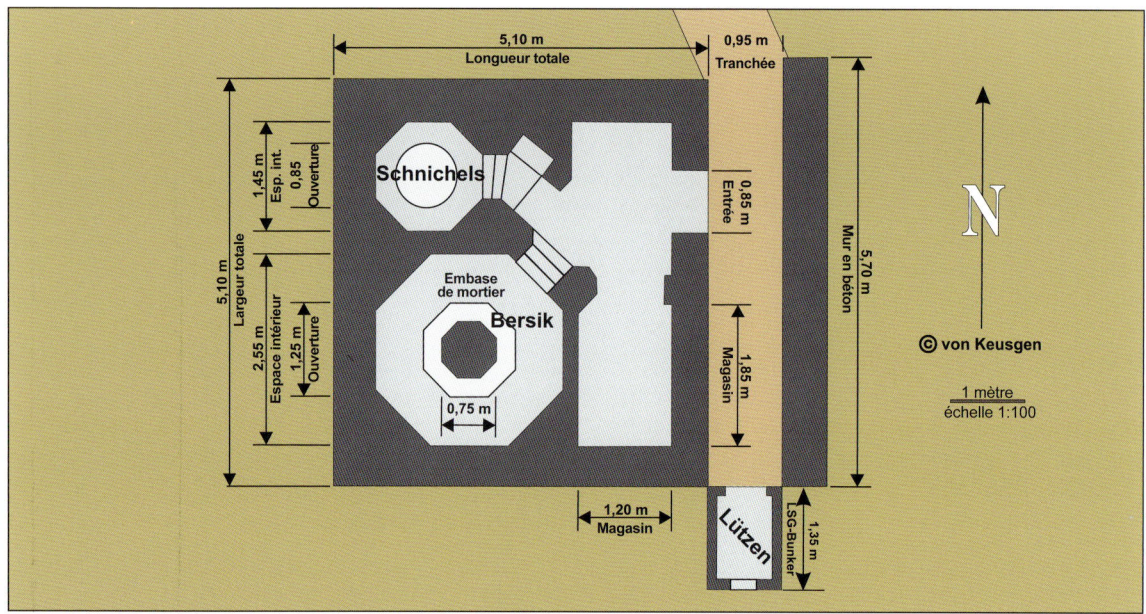

Plan du Tobrouk double pour une mitrailleuse (en haut) et un mortier de 5 cm (en bas), qui ne seront jamais mis en place. Le petit LSG-Bunker y est accolé.

Dans les dernières semaines, il a attiré l'attention du capitaine Ottemeier sur le fait que les tranchées devraient rejoindre celles desservant les casemates situées dans la partie inférieure du point d'appui car, lors d'une attaque, il serait très dangereux pour les soldats de se déplacer à l'extérieur des bunkers, sans avoir la protection adéquate. Cependant, Ottemeier a jusque là toujours repoussé l'échéance de ces travaux importants. Lützen supposait «*qu'on voulait ainsi empêcher que les soldats stationnés en bas ne décrochent secrètement lors d'une attaque*». Par ailleurs, outre deux emplacements individuels, il n'y avait là que quelques trous individuels qui devaient habituellement se trouver à proximité des positions individuelles, pour procurer aux soldats une meilleure protection dans le cas d'un violent bombardement. Le fait de négliger ces travaux aura des conséquences fatales pour quelques soldats…

L'emplacement du fossé antichar courant au pied de l'ancien WN 62 n'a pas été comblé. Le chemin (à droite) vient de Colleville et passe devant le secteur nord-est du point d'appui jusqu'à proximité de la plage. Autrefois, le réseau dense de barbelés courait au pied du versant et directement à proximité du chemin. (À l'arrière-plan, on aperçoit l'actuel village de vacances et, à proximité, l'ancien WN 61).

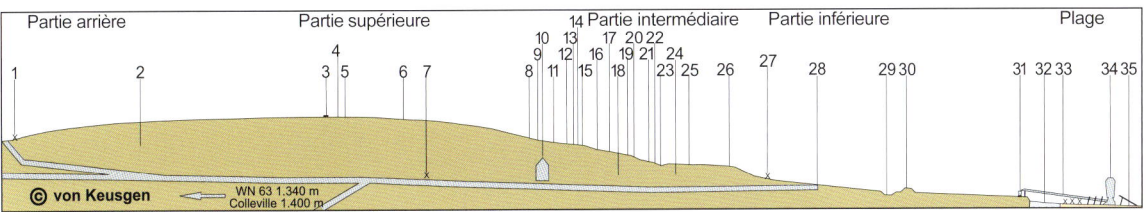

Profil de la position du WN 62 avec photo actuelle prise sous le même angle (depuis l'ancien WN 61, en direction de l'ouest) et légendes des divers points :

1. Rideau de barbelés supérieur et entrée sud.
2. Position de campagne du 5-cm-Pak du Grenadier-Regiment 916 *(quatre artilleurs de la 352. Infanterie-Division)*.
3. Bunker pour la radio optique, le Funk-und-Lichtsprechgerät *(Lützen)* ainsi que le Tobrouk double.
4. Position actuelle du monument de la 1st US Infantry Division.
5. Bunker souterrain pour la troupe.
6. Bunker pour les munitions.
7. Entrée principale à l'est.
8. Tobrouk pour mortier de 5 cm *(Ferchau)*.
9. Bunker pour le central de transmission de l'Artillerie-Regiment 352 *(Beermann, Schulz, Warnecke et deux radios)*.
10. Ancienne villa côtière; salle de garde *(Claus, Förster, Schulte)*, quartier et cuisine *(Riemann, Lehrmann, Liermann)*.
11. Tobrouk pour mortier de 5 cm *(Plota)*.
12. Position pour MG antiaérien *(occupé par des sentinelles, par Kowalski en cas d'alerte)*.
13. Position pour MG *(Severloh)*.
14. Poste d'observation (B-Stelle) de l'Artillerie-Regiment 352 *(Frerking, Grass, Fack)*.
15. Bunker pour munitions.
16. Position pour MG *(Faust)*.
17. Casemate supérieure pour pièce de 7,65 cm à 20 m d'altitude *(Brinkmeier, Brinkbäumer, Flossmann, Häming)* et emplacement actuel du monument de la 5th US Engineer Special Brigade.
18. Position pour mitrailleuse et commande des lance-flammes *(Gockel)*.
19. Bunker pour munitions.
20. Deux positions individuelles.
21. Bunker pour munitions.
22. Position pour MG *(Kieserling)*.
23. Bunker pour munitions.
24. Position pour 5-cm-Pak *(Kuska, Heckmann)*.
25. Casemate inférieure pour 7,65 cm-Feldkanone *(Krieftevvirth, Reckers, Selbach, Drews)*.
26. Tobrouk pour MG *(Kwiatkowski, Kowalski)*.
27. Réseau de barbelés inférieur.
28. Entrée nord.
29. Fossé antichar.
30. Talus.
31. Voie ferrée étroite et chemin.
32. Galets séparant le front de mer et la plage.
33. Tapis roulant pour le concasseur de galets.
34. Concasseur de galets.
35. Plage garnie de mines et d'obstacles.

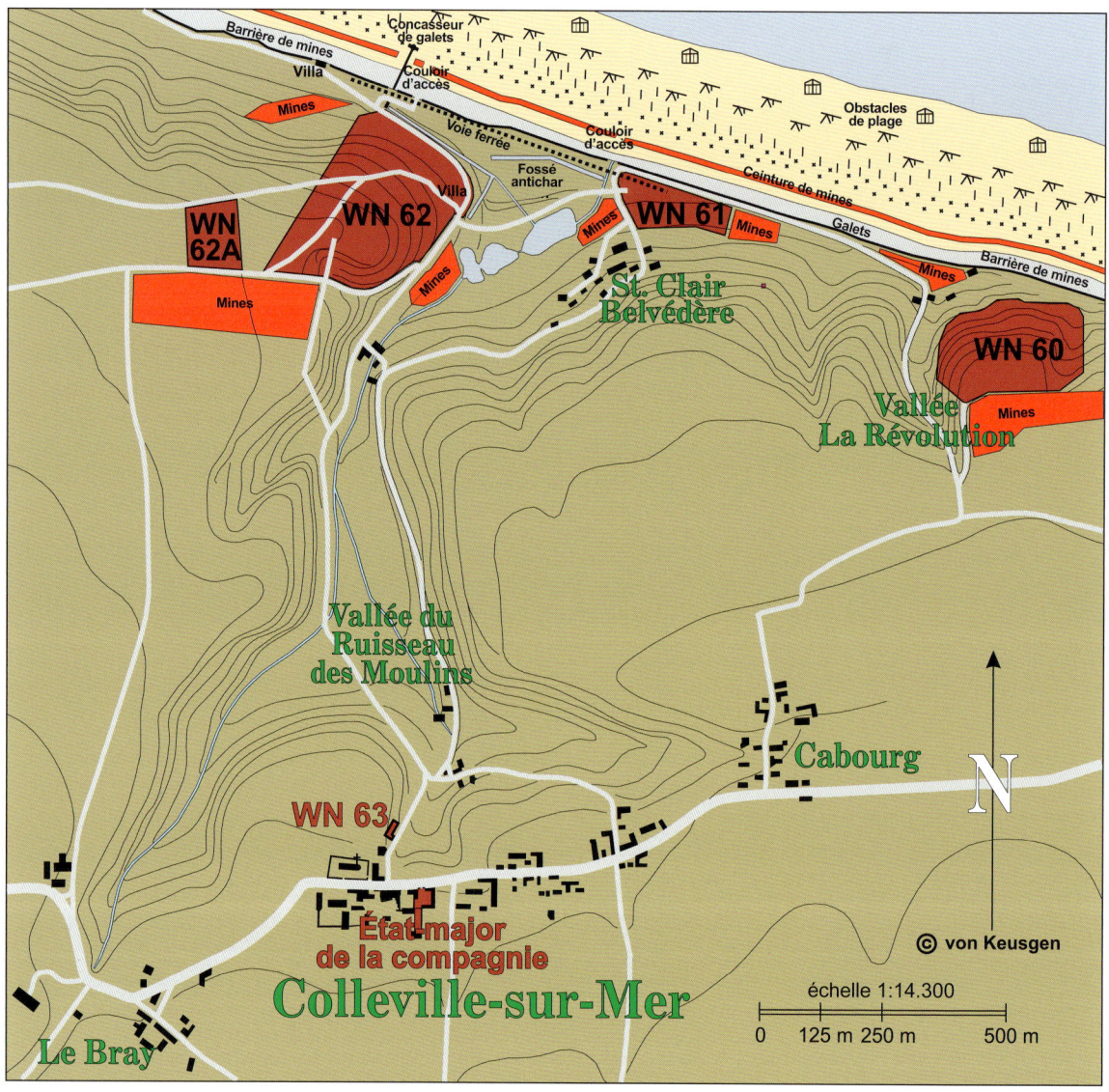

Positions défensives dans le secteur de Colleville de la 3e compagnie du Grenadier-Regiment 726 de la 716. Infanterie-Division. (Plus à l'est, sur la côte, à Sainte-Honorine-des-Pertes, se trouve encore le petit WN 59 dépendant aussi de la 3e compagnie.)

Les garnisons des points d'appui, qui avaient entre-temps été presque achevés par l'Organisation Todt à proximité des localités de Sainte-Honorine-des-Pertes (WN 59), Cabourg (WN 60) et Colleville (WN 61, WN 62 et WN 63), avaient été fournies par des soldats de la 3e compagnie du *Grenadier-Regiment 726*.

Le WN 59 se trouve sur les deux versants de la petite baie de Sainte-Honorine-des-Pertes dont la côte abrupte atteint une hauteur de près de 60 mètres. À vol d'oiseau, il se trouve à 2 850 mètres à l'est du WN 62. C'est dans ce petit point d'appui que le *Kommandeur* du 1er groupe des 1re, 2e et 3e batteries de l'*Artillerie-Regiment 352*, le *Major* Werner Pluskat, avait son poste de commandement officiel. Là se trouvait aussi le poste d'observation (*B-Stelle*) de la 3e batterie, en position près de Mosles.

Le WN 60 se trouve sur un grand plateau dominant le rivage d'une hauteur de 64 mètres, devant Cabourg, un hameau situé à l'est de

Le Major *Pluskat*, *Kommandeur* du Ier groupe de l'Artillerie-Regiment 352.

Colleville et distant de 900 mètres à vol d'oiseau du WN 62. (Le WN 60 est aussi le point d'appui le plus élevé de tout ce qui sera le secteur de débarquement mais ne dispose d'aucune pièce d'artillerie). Sur ce WN, il y a aussi un poste d'observation, la B-Stelle de la 2e batterie de l'*Artillerie-Regiment 352* qui est en position près d'Etreham.

Le WN 61 a été établi du côté de la vallée, au pied du versant, à l'opposé du WN 62 dont il est éloigné de 300 mètres. Le point d'appui dispose comme moyen défensif le plus puissant, d'un canon de 8,8 cm-Pak sous casemate, ainsi que d'un Tobrouk muni d'une tourelle de char Renault (APX R35) permettant un tir tous azimuts.

Le WN 63, qui est le poste de commandement de la compagnie, se trouve dans les terres, à 1 340 mètres au sud du WN 62 et à 60 mètres de l'entrée nord de Colleville.

Dans la vallée, entre le WN 61 et le WN 62, à quelques mètres seulement de la plage, a été creusé un autre fossé antichar, de 260 mètres de long, rempli d'eau et formant un léger angle.

Les servants de la 1re batterie du Regiment 352, dans leur position près de Houtteville. Le chef de pièce (deuxième à gauche) est le sergent Richard Peesel. De là, l'obusier pouvait atteindre la plage située devant le WN 62, à 1,5 kilomètres de distance. La dénomination officielle de la pièce était 10,5 cm le FH (leichte Feldhaubitze, obusier léger) 18 M (pour frein de bouche):

Calibre: 105 mm.
Longueur du tube: 261,2 cm
Longueur totale (y compris le frein de bouche): 330,8 cm.
Poids en ordre
de combat: 2065 kg.
Vo: 540 m/sec.
Poids de l'obus (explosif): 14,81 kg.
Portée: 12 325 mètres.
Cadence de tir: 4 à 6 coups/min.
Usure du tube: 10 000 à 12 000 coups.
Fabricant: Rheinmetall, Düsseldorf.

À la fin du mois de mars 1944, le caporal Heinz Bongard, âgé de 19 ans, est transféré de la villa de front de mer près de Saint-Laurent au WN 60. *(Comme bien d'autres maisons situées sur la baie, cette villa sera détruite peu après)*. Les hommes de troupe doivent également effectuer beaucoup de travaux de terrassement sur le WN 60. Les soldats des WN doivent ensuite effectuer leurs patrouilles de nuit sur la plage et sur les hauteurs de la côte et, de jour, lors d'une longue marche sous la conduite des soldats les plus anciens de la garnison d'origine, ils doivent examiner les localités côtières de Colleville, Saint-Laurent, Vierville et leurs environs, ainsi que divers chemins de liaison. Hans Selbach raconte à ce sujet:

« *Quand nous devons mener des patrouilles, on doit parfois faire six kilomètres jusqu'à Vierville. À marée basse, nous marchons volontiers sur la plage et, à marée haute, sur les hauteurs la dominant.* »

Les patrouilles sont toujours constituées de quatre soldats *(un chef de patrouille et trois hommes)*. Habituellement, elles partent du WN 62 et vont jusque sur la hauteur où se trouve le WN 66, sur le côté gauche du débouché de la vallée de Saint-Laurent, soit un parcours de deux kilomètres et demi. À l'aller, les soldats suivent la plage à marée basse, parfois très loin, en avant des champs de mines et des obstacles, le plus souvent par un étroit chemin improvisé réalisé en aplanissant le tas de gros galets juste en dessous du taillis situé en haut de la plage. Ce chemin légèrement saillant et qui longe le front de mer ne doit jamais être quitté par les soldats car, à partir de là et jusqu'aux premiers obstacles de plage, le haut de cette dernière est miné, sauf devant le WN 62. Les deux chiens de garde du WN 62 démontreront plus tard combien il était mortel de quitter ce couloir...

Pour les gardes de nuit successives, d'une durée de quatre heures, il n'y a pas seulement une patrouille entre le WN 62 et le WN 66 près de Saint-Laurent, mais aussi quatre postes de garde dans des positions fixes sur le WN 62. Ceux-ci sont contrôlés régulièrement par des patrouilles qui se rendent d'un poste à l'autre pour vérifier que personne ne dort. Il est également fréquent que le capitaine Ottemeier se rende lui-même à cheval, tard, sur le point d'appui pour vérifier la vigilance de ses soldats. Quand l'homme de garde du poste de garde *(dans la villa à l'entrée du WN 62)* remarque que le capitaine est sur le point d'arriver, il alerte par téléphone la sentinelle du Tobrouk avancé et celui-ci fait de même avec la patrouille pendulaire. Ainsi, à tous les contrôles de leur chef, toutes les sentinelles sont d'une vigilance absolue.

À partir du mois d'avril 1944, les reconnaissances aériennes et les bombardements permanents des Alliés au-dessus de la côte normande deviennent encore plus fréquents. Ils cherchent constamment à détruire les installations en construction sur les points d'appui ou à empêcher la poursuite des constructions par de puissants et incessants bombardements. Les traînées de condensation blanche, visibles de loin, des appareils d'observation alliés qui volent à plusieurs milliers de mètres d'altitude, ainsi que le grondement lointain des détonations des bombardements inquiètent de plus en plus les soldats qui se trouvent dans les nids de résistance. Le puissant point d'appui de la pointe du Hoc, situé à douze kilomètres à l'ouest, est bombardé de plus en plus violemment. Hans Selbach raconte à ce sujet :

« *Les avions de reconnaissance venaient presque chaque jour, parfois à basse altitude, pour faire des photos de notre point d'appui. Je crois qu'ils étaient mieux informés que nous ne l'étions...* »

Aujourd'hui encore, la mer met à jour des restes d'anciens obstacles, des « asperges de Rommel » (ci-dessus) et des « hérissons tchèques » (ci-dessous).

Ci-contre : un avion de reconnaissance allié survole la plage, venant de Vierville le 19 mai 1944, pour photographier les points d'appui allemands et les obstacles de plage. L'appareil se trouve juste à la hauteur du WN 70, près de Saint-Laurent. Dans toute cette baie, la large plage est, à cette époque, encore couverte de peu d'obstacles car ils furent principalement dressés entre cette date et le 6 juin. Les soldats ont laissé des traces sur la plage en amenant des éléments C (au premier plan, à droite).

Tobrouk avec affût pour une mitrailleuse. Il existait également des positions pour MG avec des ouvertures plus petites sous cette embase (voir page 30). Ici se trouvait la position la plus proche de la plage, celle du caporal Ludwig Kwiatkowski, qui était équipée d'un MG 34. Cette ouverture ronde est typique des Tobrouk, à la différence des ouvertures octogonales pour les mortiers.

(Une fausse pièce d'artillerie, qui avait été mise en place sur le WN 62a et qui avait été spécialement camouflée, avait été notée sur un plan du secteur du point d'appui réalisé par les Américains d'après les photos aériennes, comme étant une vraie pièce.)

De puissantes formations de bombardiers survolaient la Manche presque chaque jour, en direction de la France et de l'Allemagne pour détruire d'importants carrefours stratégiques, des gares et des installations industrielles et même des villes, en Allemagne.

Jusqu'à présent, les soldats, dont les familles et les logements avaient été touchés par les bombes, recevaient des permissions spéciales, appelées aussi « permissions de bombardement ». Cependant, à partir du 29 avril, ces permissions, comme les permissions habituelles dans la famille, vont être supprimées à cause du risque grandissant d'un débarquement des puissances occidentales.

Au début du mois de mai, le colonel Ernst Goth, *Kommandeur* du *Grenadier-Regiment 916* de la *352. Infanterie-Division*, est transféré avec son unité sur la côte, dans le secteur des localités de Vierville, Saint-Laurent et Colleville. Peu après, le *Generalfeldmarshall* Rommel rend visite à ce colonel qu'il connaît bien. Après les salutations habituelles, Rommel lui dit :

« Goth, ils viendront chez vous. Ça ressemble exactement à la baie de Salerne, en Italie, où ils ont débarqué… » (le 9 septembre 1943).

Au mois de mai, les rumeurs sont de plus en plus nombreuses, disant « qu'il y a quelque chose dans l'air… ». Les tracas des soldats sont renforcés par le fait que, presque chaque jour, des escadres de bombardiers passent au-dessus de la Manche pour bomber d'importants nœuds routiers stratégiques situés dans l'arrière-pays. Lors de leurs patrouilles, les postes de garde trouvent de plus en plus de rubans métalliques largués par les avions alliés et destinés à brouiller les radars allemands.

Quelques soldats du WN 62 près de leur ancien abri à moitié enterré (à droite), avant sa destruction. De gauche à droite : Heinrich Krieftewirth, Hans Selbach, Alois Reckers, Bruno Plota, Emil Drews, Alfred Liermann et Franz Gockel.

Les soldats des points d'appui discutent de plus en plus souvent entre eux, se posant la question de savoir si un débarquement aura lieu dans ce secteur côtier du département du Calvados. Mais, à part cela, la vie de la troupe du WN 62 se déroule paisiblement et avec discipline. De plus, le doux climat de la Normandie contribue à conserver une attitude positive des hommes. En dehors du fait qu'ils souffrent de l'absence de permissions, les soldats ne manquent de rien dans leur vie quotidienne. Cependant, on exige d'eux beaucoup de travail physique et d'efforts car, à côté du service militaire quotidien, le programme prévoit également la continuation des travaux sur la position : il faut encore creuser des tranchées et des trous individuels. La nuit, les hommes se répartissent deux gardes et doivent aussi effectuer des patrouilles une ou deux fois par semaine. Les moments où, dans la journée, les soldats restent assis dans leurs positions, derrière leurs canons ou leurs mitrailleuses, face à la mer, sont des instants de repos dont ils profitent. La vaste mer s'étend, vide et immobile devant eux, car les bateaux de pêche des petits ports de Port-en-Bessin et de Grandcamp n'ont plus le droit de sortir depuis quelque temps.

En outre, on contrôle maintenant l'état d'alerte des garnisons des points d'appui. Les exercices se font plus nombreux et sont de plus en plus longs. Mais ils sont, la plupart du temps, répartis afin que les soldats disposent encore d'assez de temps pour effectuer leurs travaux de terrassement, après les exercices et le nettoyage des armes qui en résulte. À l'issue de ces exercices, Bruno Plota se tenait principalement avec Peter Lützen, là-haut, dans le bunker du LSG *« car, derrière cet appareil, il y avait moins à nettoyer que derrière le canon... »*

À cela, Peter Lützen ajoute :

« Nous avions vraiment un bon boulot, là-haut. »

On peut encore aujourd'hui distinguer la fosse où se trouvait la position aérienne installée à mi-hauteur du WN 62 (en arrière-plan, plus bas, la casemate inférieure et, sur la plage, le socle du concasseur de galets).

Ci-contre : ambiance du soir sur la vaste baie s'étendant entre Colleville et Vierville. (Photographiée depuis le WN 60 haut perché, en direction de la Pointe de la Percée.) La plupart des obstacles étaient recouverts à marée haute, moment où le débarquement était attendu.

Chaque soir, on donnait le mot de passe pour la nuit à venir, les postes de garde étaient répartis et le commandant de compagnie recevait le rapport sur les travaux en cours. Lorsque les soldats ne reçoivent pas de mauvaises nouvelles de leur pays natal, ils peuvent parfois oublier pendant quelques heures qu'on est encore en guerre. Pendant leurs quartiers libres, ils peuvent rendre occasionnellement visite à des camarades sur des points d'appui voisins, se promener dans les villages proches et rechercher les petits bars ou jouer aux cartes dans leurs abris.

Un petit café sur la route principale, à Colleville, près de l'église avec son vieux cimetière, est un lieu de rencontre apprécié. Il n'est pas rare non plus de voir un soldat, le soir, sur le versant raide du point d'appui, fumant une des trois cigarettes de sa dotation quotidienne, tout en admirant le soleil rougeoyant disparaître derrière la partie occidentale de la baie et les 46 mètres de hauteur des falaises de la Pointe de la Percée. Ce soldat plein de mélancolie exprime alors combien la vie est belle. Beaucoup de

L'un des petits bunkers servant de soute à munitions dans la partie inférieure du WN 62.

L'épicerie de la famille Pommier dans la rue principale du village (rue de Colleville, alors N 814), près de l'église, au début du XXe siècle (comparer avec la photo de la page 16). En 1944, le propriétaire s'appelle Violard. L'hiver, les consommations se prenaient au comptoir, alors qu'en été, le café était installé dans la petite cour, à proximité de la maison (à droite). On y consommait du vin, du café, de la bière. Ici se retrouvaient souvent les soldats des 3e et 4e compagnies du Grenadier-Regiment 726 stationnés dans les environs.

soldats cherchent alors à rendre leur vie plus agréable en rencontrant de jolies jeunes filles. C'est pourquoi, près du foyer du soldat *(Soldatenheim)* de Bayeux, se trouve un bordel de la *Wehrmacht* où, à l'occasion d'une visite, un infirmier administre à chaque soldat une injection préventive. Une raison de plus pour que certains soldats cherchent à nouer quelques amourettes avec des jeunes femmes des environs du point d'appui, ce qui n'était pas bien vu à la fois des autorités et de beaucoup de Français…

Le sergent Ludwig Schulte avait à ce propos suscité une certaine colère. En effet, malgré le début du service, il était resté chez sa petite amie. Sur ordre du commandant de compagnie, la maison de Saint-Laurent est alors cernée par plusieurs soldats et le sergent est très officiellement appréhendé. La petite amie de Schulte parle un peu allemand et, comme elle sait que les soldats de la *Wehrmacht* sont très severement punis s'ils font quoi que ce soit de mal envers une Française, elle explique à Bruno Plota :

« *Ludwig rien faire – seulement petit amour…* »

Les soldats Bruno Plota et Hermann Götsch, qui sont alors de très bons amis, découvrent un soir, quelques semaines plus tard, le sergent Ludwig Schulte, bien peu apprécié, lui, qui est totalement ivre sur le terrain. Plota et Götsch soulèvent le sergent, le traînent jusqu'à la villa et le mettent au lit. Mais, comme s'en souvient Plota, « *on lui avait auparavant tordu les bras et les jambes.* »

Le blond *Oberfeldwebel* Ludwig Pie, âgé de 32 ans, qui avait été muté entre-temps sur le WN 60 comme adjoint au chef du point d'appui et pour le malheur de ses subordonnés, ramenait assez souvent l'une ou l'autre de ses petites amies françaises dans son logement, une baraque en bois installée sur ce point d'appui haut perché. Cependant, sa vie immorale et son manque évident de raffinement en ce qui concerne le choix de ses partenaires ne resteront pas sans conséquence pour lui. En effet, au début du mois de mai, il dut être envoyé à l'hôpital de Caen, souffrant d'une maladie vénérienne…

Un camion de la *Wehrmacht* arrive dans la deuxième semaine d'avril, contenant une importante livraison de roquettes de 28 cm pour Nebelwerfer. Ces projectiles sont rangés dans de grandes caisses en bois

Le foyer du soldat (Soldatenheim) *à Bayeux (aujourd'hui l'hôtel du Luxembourg).*

ouvertes d'où ils peuvent être directement tirés au moyen d'une simple rampe en bois. Ils sont déchargés dans la partie inférieure du WN 62 et tout d'abord stockés à cet endroit. Cela signifie que les rampes de lancement utilisées avec eux seront livrées plus tard. Bruno Plota, qui a participé au déchargement des lourdes roquettes qui pèsent chacune 82 kg, a gardé un douloureux souvenir de ces travaux lors desquels il s'est arraché un ongle de pouce quand une grosse caisse a glissé. Deux semaines plus tard, le capitaine Ottemeier fait transporter les dangereuses bombes dans un petit dépôt de munitions dans le WN 62a se trouvant à proximité, car les rampes de lancement ne sont toujours pas arrivées (elles ne seront pas arrivées le 6 juin).

Quatre fusées de 28-cm-Werfer sur leurs rampes de lancement en bois du schwer Wurfgerät (sWG 40). *Ces bombes volantes, qui étaient directement tirées depuis leurs caisses de transport, étaient aussi appelées « Stukas zu Fuß ».*

Poids de la fusée : 82 kg.
Portée maximale : 1 925 m.
Cadence de tir : quatre fusées en six secondes.
Poids du Wurfgerät : 52 kg.
Fabricant : J. Gast, Berlin-Lichtenberg.
Introduit en juin 1941 sur le front de l'Est.

Lors d'une chaude soirée de la fin du mois d'avril, le caporal-chef Lützen, le caporal Schnichels et deux autres camarades effectuent une patrouille sur la plage orangée en direction de Saint-Laurent et tombent par hasard sur une grosse mine marine. Ce corps explosif de 65 centimètres de diamètre a été arraché de toute évidence de son ancrage en mer et a été rejeté par les vagues, sans exploser. Lützen et Schnichels sont surpris que la mine marine, avec ses détonateurs très saillants, soit restée intacte avec le mouvement des vagues et après avoir été roulée sur la plage.

« *C'est vraiment quelque chose d'incroyable, explique Peter Lützen, que la mine se trouve comme ça sur la plage...* »

Alors que les quatre soldats observent l'engin explosif avec plus d'attention et expriment leur étonnement, Schnichels se met soudain à donner un violent coup de botte contre la boule d'acier.

« *Saloperie !* »

Lützen est épouvanté :

« *T'es pas fou ?* »

Cependant Schnichels rit de sa légèreté.

Et ils s'éloignent ensuite.

Michael (Michel) Schnichels

Soldats de la 3ᵉ compagnie lors d'un exercice de tir au fusil. Sur la table de tir, on aperçoit Michael Schnichels (1ᵉʳ à gauche), Hans Selbach (2ᵉ à gauche) et Heinz Bongard (4ᵉ à partir de la gauche).

Wilhelmine (Wilma) Johann, la sœur du caporal-chef Bernhard Lehmkuhl travaillait comme auxiliaire des transmissions à la poste de Münster.

Ils sont maintenant à trois cents mètres de la mine – Lützen s'en souvient : « *Il y a alors une violente explosion derrière nous, cette chose a explosé. À la place où la mine se trouvait auparavant, il y avait maintenant un grand cratère dans le sable, on aurait pu y fourrer un camion...* »

Le 27 avril, Bernhard Lehmkuhl est à nouveau au central téléphonique dans la ferme lorsqu'il reçoit une communication d'Allemagne. Le caporal-chef téléphonait occasionnellement en douce à sa sœur Wilhelmine qui était de service comme « *Blitzmädchen* » (auxiliaire des transmissions) au central téléphonique de la poste de Münster. Cela fait déjà plusieurs semaines qu'ils ne se sont pas parlé. Cependant, ce jour-là, elle a quelque chose de bien particulier à lui annoncer : Bernhard Lehmkuhl est papa d'un petit Bernhard Lehmkuhl junior – la naissance a eu lieu le 21 avril.

« *Ah, c'est bien que j'apprenne enfin que je suis devenu père* ». Telle est la première réaction du caporal-chef à cette joyeuse nouvelle.

Pour sa défense, Wilhelmine explique qu'à cause des bombardements massifs au pays, beaucoup de lignes téléphoniques ont été détruites et que celles qui restent sont surchargées. C'est seulement à la troisième tentative (clandestine) qu'elle a réussi à joindre son frère dans sa lointaine Normandie, manuellement.

Alors que Hein Severloh revient au poste d'observation avec son chef, le lieutenant Bernhard Frerking, pour effectuer des tirs d'exercice sur la plage, le sergent Beermann vient sur la position de MG de Severloh et exprime le souhait de pouvoir lui aussi tirer avec le fusil-mitrailleur. Il le justifie en disant qu'il a beaucoup de travail dans l'attente de monter des armes lourdes et il cherche de cette façon à faire valoir un certain droit à pouvoir, lui aussi, tirer. Cependant, Severloh déclare être le seul tireur MG officiel de la B-Stelle et repousse par conséquent la tentative de Beermann.

Deux semaines plus tard, lorsque le commandant de la batterie et son ordonnance séjournent sur le WN 62 et que Severloh veut à nouveau tirer avec son MG sur la plage, Beermann arrive dans la position du MG et dit brutalement :

« *Dégagez de votre MG, aujourd'hui je tire !* »

Mais Hein Severloh, qui connaît sa position privilégiée d'ordonnance du commandant de la batterie, réplique aussi brutalement :
« *S'il y a quelqu'un qui a quelque chose à dire dans cette position, c'est moi. Et si vous voulez en savoir plus, demandez au lieutenant.* »
L'affaire est ainsi close, pour l'instant…

Le mortier de 5 cm.

Dénomination officielle : 5 cm le GrW 36.
Calibre : 50 mm.
Longueur du tube (extérieure) : 46,5 cm.
Poids : 14 kg.
Vo : 75 m/sec.
Poids de l'obus : 0,9 kg.
Portée maxi : 520 m.
Cadence de tir : 15/25 coups/min.
Fabricant : Rheinmetall Düsseldorf (production suspendue à partir de 1941 à cause de son manque d'efficacité).
Appelé « lance-patates » par les soldats.

Pause midi sur les marches de la villa à l'entrée principale du WN 62. De gauche à droite Ludwig Kwiatkowski, l'infirmier Bruno Wittber, Alois Reckers (avec sa trompette), Theo Kowalski, Peter Lützen et Hermann Gätsch, qui rendait souvent visite à ses camarades, particulièrement à Bruno Plota, sur le point d'appui.

Par un superbe jour du début du mois de mai, comme chaque jour, les soldats du WN 62 sont assis devant la villa et prennent leur repas de midi, un plat de haricots fumant. Arrive alors le commandant adjoint du WN 61, l'*Oberfeldwebel* Schnüll, de toute évidence irrité, accompagné du caporal Götsch et d'un autre soldat, ramenant la grosse marmite du plat unique à la cuisine, qui avait été destinée au point d'appui voisin. On appelle le cuisinier, Valentin Lehrmann, et l'*Oberfeldwebel* dit :
« *Regardez donc la soupe…* »

Inscription alors gravée dans le béton frais de la casemate inférieure du WN 62.

Franz Gockel remue la soupe dans la grande marmite et, soudain, un rat mort et bouilli apparaît dans la louche. Gockel et ses camarades sont épouvantés. En continuant de remuer, un second rat apparaît dans le plat. L'indignation est grande et Valentin Lehrmann est violemment réprimandé par l'*Oberfeldwebel*. Cependant, il tente d'expliquer cette situation désagréable et il suppose que «*les rats ont dû tomber quelque part dans la marmite ou ont sauté dedans*». Lehrmann dit, pour sa défense:

«*Je n'ai pas jeté ces bêtes intentionnellement...*»

Bruno Plota prend un peu de ce plat et en propose aux deux chiens de garde du point d'appui. Cependant, les bergers allemands, Treff et Raudi, ne veulent pas en manger...

Fritz Riemann, le responsable de la cuisine, fait remplacer le cuisinier Valentin Lehrmann par l'aide-cuisinier Alfred Liermann. Mais comme les repas préparés par ce dernier ne plaisent pas aux soldats, le caporal-chef Lehrmann reprendra rapidement son poste de cuisinier.

Un nouvel incident a lieu deux jours plus tard, mais il est cette fois plus tragique. Les deux chiens de garde échappent à la patrouille de Bruno Plota et courent sur la plage. Treff est un chien d'origine privée, tandis que Raudi est un «vrai chien de garde de la *Wehrmacht*» que le jeune soldat aime particulièrement car il avait eu autrefois en Allemagne un chien portant le même nom. Les chiens ont à peine atteint la plage que Treff est en un instant déchiqueté par une mine. Peu après, il y a une seconde explosion et Raudi revient vers le point d'appui avec une plaie béante à l'arrière-train gauche, à moitié arraché. Clopinant et gémissant, il court, paniqué sur le chemin principal, passant devant la villa et quittant le WN 62 par la sortie orientale en direction de Colleville. Puis, après un certain temps, le chien revient en saignant abondamment. Le sous-lieutenant Claus sort alors son pistolet pour soulager l'animal de ses souffrances. Bruno Plota passe la laisse au chien blessé et très agité, et il l'attache à un piquet de bois. Le premier coup atteint bien le chien à la tête mais celui-ci n'est pas tué aussitôt. De douleur et craignant la mort, l'animal se débat et devient agressif. Au deuxième coup, le pistolet de Claus est vide et, après l'avoir rechargé, le chien est enfin soulagé d'un coup mortel dans l'œil gauche. Plota enterre ensuite

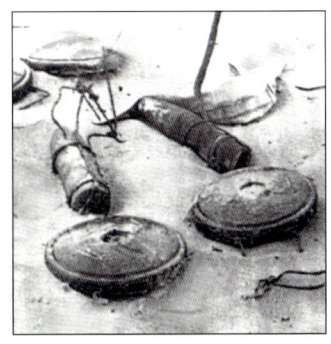

Un «Minenfalle», «piège mine» placé sur la plage et relié à un fil détonateur.

l'animal dans une grande prairie qui s'étend devant la villa. Les lambeaux sanglants de Treff qui subsistent sur la plage resteront jusqu'à la marée haute suivante, personne n'osant s'aventurer sur le rivage miné.

Quelques jours plus tard a lieu une inspection des armoires et celles qui se trouvent encore dans la villa doivent être ouvertes par les soldats pour vérification. Le sergent Schulte remarque une photo se trouvant sur le côté intérieur de l'armoire de Bruno Plota, accrochée en évidence à hauteur des yeux. Le portrait en question montre un lieutenant de la *Wehrmacht*. (Lorsque quelques semaines auparavant plusieurs soldats des 3e et 4e compagnies avaient reçu des promotions, Plota n'en avait pas bénéficié. Alors que le jeune soldat n'avait rien à se reprocher, sa promotion n'aurait pas dû être reportée et il en avait été très contrarié. C'est pourquoi, quand il était allé chez lui en permission un peu plus tard, il s'était procuré une photo d'un lieutenant chez un lointain parent de son père. De retour au WN 62, Plota avait tout spécialement épinglé cette photo à l'intérieur de la porte de son armoire, attendant la prochaine inspection…)

Lorsque Schulte voit la photo, il demande au soldat :

« *Qui est-ce ?* »

« *Mon père* », dit Plota en mentant.

Schulte hésite un moment et dit :

« *Nous en reparlerons, Plota…* »

Le soldat de première classe comprend parfaitement ce que veut dire le sergent et, finalement, il l'attendait. Cependant, le destin n'en donnera pas l'occasion…

Depuis la position exacte de Hein Severloh, dans la position centrale du point d'appui, en regardant vers l'est. Au premier plan et au même niveau, l'une des deux vieilles plates-formes en béton sur lesquelles étaient autrefois placés les deux canons de 7,65 cm.

L'emplacement de la porte principale du WN 62 (à gauche) qui était alors fermée par une porte roulante en bois. Sur la partie plate et surélevée (au milieu de la photo) se trouvait en 1944 la grande villa avec le poste de garde. Le chemin partant de l'entrée principale et se dirigeant vers la gauche traverse ce qui fut le centre du WN 62 (comparer avec le plan du point d'appui, page 2).

Au début du mois de mai, dans la matinée, la sentinelle en faction au portail d'entrée arrive soudain en toute hâte au poste de garde de la villa sur le WN 62, où se trouve alors Peter Lützen. Tout excité, il annonce :

« *Sept autos viennent juste d'arriver là, dehors. Un général arrive pour une inspection !* »

Peter Lützen sait que le responsable du point d'appui, le sous-lieutenant Claus, est pour l'instant au lit dans la pièce voisine, sous l'emprise de l'alcool. Il doit donc, en tant que suppléant, recevoir le général qui n'a pas été annoncé et le guider sur le point d'appui. Éxcité, il prend son uniforme de parade *(Waffenrock)*, se coiffe du casque d'acier et dévale ensuite l'escalier, claque les talons, salue et se présente. Le caporal-chef reconnaît aussitôt le général Erich Marcks, un vétéran du front russe qui a perdu une jambe sur le front de l'Est et porte une prothèse. Brièvement, Marcks dit :

« *Passez devant…* »

Lützen commence sa visite et le général, ainsi que vingt officiers supérieurs, suivent le caporal-chef de 22 ans. Au cours de son inspection, le général s'intéresse tout particulièrement aux secteurs de tir d'interdiction de la plage se trouvant devant le point d'appui. Il visite ensuite les deux casemates avec leurs canons tchèques.

Après le départ de Marcks et de son état-major, Peter Lützen appelle le poste de commandement de la compagnie pour faire état de l'importante visite et déclenche, tout d'abord chez l'adjudant de compagnie, puis chez le commandant de compagnie, une profonde agitation. Le capitaine Ottemeier veut immédiatement parler personnellement avec Lützen et il lui dit qu'il descend aussitôt à cheval jusqu'au point d'appui. Il demande également où se trouve le sous-lieutenant Claus. Lützen, qui a de très bonnes relations avec le *Leutnant* et qui sait qu'en revanche Ottemeier n'apprécie pas particulièrement Claus, qui est un bon vivant, a déjà prévenu le sous-lieutenant de la discussion au téléphone avec le commandant de compagnie au sujet de l'inspection inopinée du général. Il lui a également fait savoir qu'il a dit au capitaine que, lors de l'arrivée du général, il se serait trouvé sur le WN 61 où il se trouverait d'ailleurs encore.

Ainsi, lorsque le capitaine Ottemeier arrive à cheval sur le WN 62, le *Leutnant* Claus arrive, comme par hasard, du WN 61 et, naturellement, il n'est au courant de rien…

Le General des Artillerie *Erich Marcks commandant le* LXXXIV (r. 84) Armee-Korps *avec son PC à Saint-Lô. Dès 1941, il participe à l'opération «Barbarossa» en URSS et, en 1942, il est grièvement blessé et perd une jambe. En septembre 1942, cet habile stratège prend le commandement du* LXVI. Korps *puis celui du* LXXXIV. *à partir du 1ᵉʳ août 1943, afin de renforcer cette structure de commandement en France au moyen de vétérans du front de l'Est. En ce qui concerne la tactique défensive, Marcks ne partage pas les idées de Rommel.*

Au mois de mai, les soldats du WN 62 sont confrontés à une situation peu agréable qui touche le sous-lieutenant Hermann Claus qu'ils apprécient pourtant. Le chef du point d'appui avait en effet contracté une maladie vénérienne avec l'une de ses nombreuses petites amies et avait pour cela subi les foudres de son supérieur, le capitaine Ottemeier. (Cette femme était aussi celle qui avait déjà infecté l'*Oberfeldwebel* Pie…). Le sous-lieutenant est aussitôt envoyé à l'hôpital de Caen.

Le caporal-chef Siegfried Kuska va aussi, peu après, connaître une situation fâcheuse. Une propriété de Colleville, où quelques soldats achetaient chaque jour du lait et du beurre, était habitée et gérée par une séduisante Française dont le mari était prisonnier de guerre en Allemagne. Un jour, Kuska ne peut résister au charme féminin de cette femme et se montre très pressant à son égard. La Française éconduit sèchement le soldat et signale l'incident par une plainte à la *Kommandantur*. Le cas est enregistré officiellement et Kuska peut s'attendre à de très graves conséquences pour lui. Mais des événements futurs changeront totalement la situation… (Quelques jours seulement après cet incident, la Française est victime d'une crise d'appendicite aiguë et meurt peu après).

Mais il y a aussi des faits plus mineurs qui peuvent aboutir à la punition d'un soldat. Ainsi, un jour, un artilleur de l'*Artillerie-Regiment 352* signale que le lieutenant Frerking l'a condamné à un exercice punitif.

Le soldat devait arroser les bandes de gazon placées sur la surface du point d'appui et qui contribuaient à camoufler les toits des bunkers, ainsi que les Tobrouk et les remblais de terre à proximité des tranchées, afin qu'elles puissent s'enraciner dans le sol naturel. Le soldat a été puni par son commandant de batterie car, pendant son service, il a poursuivi son travail sans aider une vieille Française, venue faire des achats, à rapporter chez elle le grand et lourd sac qu'elle tirait.

Dans la petite villa située juste en haut de la plage, stationnent six soldats de la Marine qui sont totalement autonomes du WN 62 et se trouvent en liaison directe, par téléphone et par radio, avec le point d'appui d'artillerie de marine situé à Port-en-Bessin. Chaque matin, vers 10 heures, deux hommes de cette petite garnison passent devant le WN 62 et prennent la petite route montant vers Colleville pour y acheter du lait frais et de la nourriture chez des paysans. Cependant, un jour, à la fin du mois d'avril, personne n'arrive de la villa. Vers midi, par radio, le point d'appui d'artillerie de marine de Port-en-Bessin signale ce fait au caporal-chef Lützen qui décide d'y envoyer quelqu'un pour voir si tout est en ordre. Lützen envoie donc à cette villa son agent de liaison Schnichels avec un de ses camarades.

Lorsque les deux soldats reviennent au bout d'un certain temps, Schnichels annonce :

« *Toute la baraque là-bas est vide – complètement vide…* »

La position antichar du caporal-chef Kuska n'est recouverte que d'un filet antichar.

Désignation officielle de la pièce antichar : 5 cm Pak 38.
Longueur du tube : 284, 2 cm.
Longueur totale : 318,7 cm.
Poids en ordre de marche : 1 062 kg.
Portée : 2 650 mètres.
Durée de vie du tube : 4 000 à 5 000 coups.
Fabricant d'origine : Rheinmetall, Düsseldorf.

Fondations de la villa côtière La Rabellière qui servait alors de poste d'observation à la Marine, à l'ouest du WN 62 (visible sur la gauche), et qui était installée sur la ceinture de galets.

On établira ensuite qu'un commando britannique ou américain avait dû aborder pendant la nuit dans le plus grand silence et avait emmené toute la garnison ainsi que tout le matériel téléphonique et radio, malgré la ceinture de mines sur la plage et la barrière d'explosifs placée en haut de la plage…

Un cas analogue d'une action menée par des commandos spéciaux alliés avait déjà eu lieu dans cette baie. En effet, lors d'une nuit sans lune de janvier 1944, deux nageurs de combat britanniques, dans leur combinaison de plongée noire, avaient débarqué devant Vierville d'un sous-marin de poche pour mesurer la plage et prélever des échantillons de sable. Ils avaient rempli leur mission sans incident.

Le capitaine Ernst Ottemeier, le jour de sa démobilisation.

Le livret de solde du soldat allemand lui servait aussi de carte d'identité.

Un autre commando britannique avait déjà débarqué sur la plage le 12 septembre 1942 pour l'opération «Aquatint». Cette fois, ce fut un désastre pour les hommes du commando.

Après cet incident qui eut lieu dans la villa située devant le WN 62, les buissons épais qui s'étendaient sur toute la largeur du point d'appui, en haut de la plage, et qu'on avait jusqu'à présent laissés à des fins de camouflage, furet totalement détruits par le feu pour ne pas fournir le moyen de se cacher à un adversaire qui aurait débarqué, ainsi que pour offrir une meilleure vision du haut de la plage.

Vers le milieu du mois de mai, le commandant de la 3e compagnie, le capitaine Ernst Ottemeier, est mis à la retraite alors qu'il n'a que 48 ans (parce qu'il avait participé à la Première Guerre mondiale) et il est relevé par le sous-lieutenant Edmond Bauch qui vient d'arriver sur la côte. Bauch, âgé de 30 ans, arrive du front russe et les soldats de la 3e compagnie éprouvent aussitôt de la sympathie pour lui. À la fin de l'avant-dernière semaine de mai, il fait rassembler les hommes des WN 60 à WN 63 sur le grand terrain dégagé se trouvant à l'entrée de la vallée pour s'adresser à toute la compagnie. Le *Leutnant*, que ne connaissent pas encore tous les soldats, s'adresse à ses hommes dans un état d'ébriété et leur explique que l'invasion des Alliés est proche et qu'il faut l'attendre dans exactement deux semaines. Comme les soldats laissent clairement voir qu'ils ne prennent pas au sérieux cette prophétie toute subjective, le sous-lieutenant ajoute alors:

«*Si vous pensez que je raconte cela parce que je suis saoul, je vous dirai la même chose demain, quand je serai dégrisé…*» Si Edmond Bauch, qui était heureux d'avoir été transféré du front russe en Normandie, avait bu autant, c'est parce qu'il avait reçu cette information inquiétante dès le jour de son arrivée.

«*Nous avons alors continué de creuser avec assiduité, mais nous n'avions pas peur, nous étions encore jeunes et certains de la victoire…*», dit Heinz Bongard.

Deux jours plus tard, à l'occasion d'une conférence au niveau de la compagnie, on évoque le thème du débarquement proche. Bauch fait état du ravitaillement difficile en Allemagne et dit:

«*Si possible, en dessous de dix hommes, ne faites pas de prisonniers…*»

Quelques hommes sont choqués par cette affirmation. Peter Lützen est moins impressionné.

«*On connaissait déjà ça en Russie et Bauch en revient lui aussi…*»

Le 27 mai, le caporal-chef Lehrmann reçoit un télégramme de chez lui, arrivé dans la villa sur le WN 62. Ce message l'informe que, la veille, il est devenu père pour la troisième fois. Valentin Lehrmann est particulièrement heureux car il a encore eu une petite fille (qu'il ne connaîtra jamais). Deux jours plus tard, de vieilles planches de bois et un peu de branches sèches de genêt sont brûlées dans la grande fosse où se trouvait auparavant l'abri pour la troupe. Le caporal Alois Reckers, qui a trouvé quelques vieilles munitions, les jette dans le feu sans réfléchir. Peu après, les munitions commencent à exploser à grand bruit et l'un des projectiles atteint le bas de sa jambe gauche, le blessant gravement. Reckers est alors conduit dans un grand hôpital du Mans, à 190 kilomètres de là.

Entre-temps, le mois de juin est arrivé et la vie des soldats continue son cours normal. Depuis quelques jours, un théâtre aux armées installé à Vierville distrait ces soldats dont il faut rendre plus agréable la vie militaire quotidienne. Après les représentations, les quatre dames de ce théâtre s'entretiennent tout particulièrement avec quelques officiers…

Même dans le bunker pour la troupe du WN 62, les soldats font en sorte qu'il y ait une bonne ambiance. Anton Flossmann sait bien chanter et il distrait souvent ses camarades avec les tubes du moment. On entend ainsi souvent grésiller sur le gramophone *Lili Marlen* ou *Wenn der weiße Flieder wieder blüht* (« Quand le lilas blanc fleurit à nouveau »). Jusqu'à son départ pour l'hôpital, Alois Reckers a également souvent réjoui ses camarades de ses morceaux de trompette.

Cependant, l'angoisse de l'invasion grandit de jour en jour. À cause de cela, Hans Selbach ne souhaite pas fêter son anniversaire – ses 19 ans – le 3 juin. Et le *Wachtmeister* Ewald Fack raconte pour sa part à ses camarades de confiance qu'il a mis en sécurité chez un paysan tous ses objets personnels et ses biens précieux, à cause de la menace accrue d'une invasion car, lors d'une attaque de grande envergure, il n'aura peut-être pas l'occasion de sauver ses biens personnels. Il ira ensuite les rechercher plus tard (ce qu'il ne pourra jamais faire).

Le lundi 5 juin au soir, l'exercice prévu sur le WN 62 pour le 6 juin à 7 heures est avancé à 1 heure du matin. Il y a encore tellement de travaux de terrassement à effectuer sur le point d'appui qu'on préfère mettre à profit toute la journée pour creuser. On a notamment prévu de prolonger la tranchée dans la partie inférieure du point d'appui.

Les premiers jours du mois de juin sont un peu tempétueux et couverts, et, partout au-dessus de la Manche, il pleut depuis des jours. Le merveilleux soleil de mai a entre-temps réchauffé la mer, déjà tempérée en Normandie par l'influence du gulf-stream. C'est pourquoi Hans Selbach et trois de ses camarades se trouvent encore tard sur la plage. Il est près de 22 heures et, à cause du ciel très nuageux, il fait déjà presque nuit tandis que la marée est déjà à moitié haute ; en revanche, la plage est encore large en avant des obstacles de plage. Les soldats connaissent avec précision les couloirs d'accès entre les champs de mines, à proximité du concasseur de galets sur la plage, devant le WN 62, et ils se jettent en riant au milieu des grosses vagues. Le sergent Ludwig Förster ne participe pas à ce genre de distractions : il ne sait pas nager…

Après le bain de mer, Hans Selbach doit encore monter la garde. Elle va durer trois heures, et, après, commencera une nouvelle journée – le 6 juin. Vers 0 h 30, Peter Lützen vient lui rendre visite dans l'obscurité pour s'assurer que toutes les sentinelles sont bien à leur poste. Lorsque Lützen lui souhaite une bonne nuit, Selbach se trouve dans la position de mitrailleuse la plus avancée du point d'appui, *« car de là, dans la partie basse, on a la plus belle vue sur la mer »*. Soudain, il entend au loin, dans l'arrière-pays et à plus de trente kilomètres de là à l'ouest, dans la presqu'île du Cotentin, le léger bourdonnement de nombreux moteurs d'avions. Puis, un violent bombardement a lieu dans le secteur de Carentan. Quelques minutes plus tard, le téléphone de campagne sonne dans la position pour MG et le sergent Förster dit au caporal-chef que le

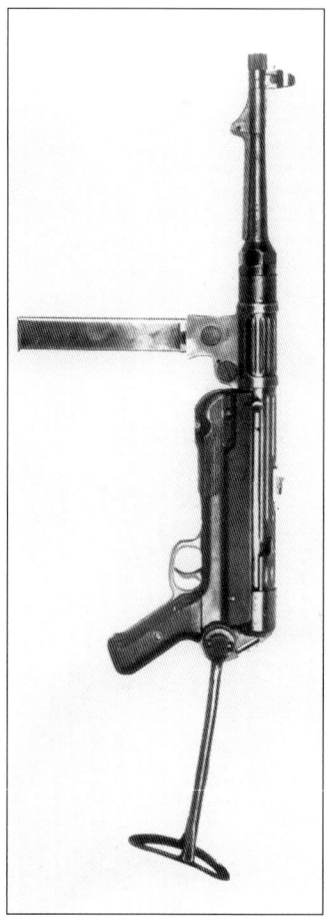

Le pistolet-mitrailleur MP38 et MP38/40, de calibre 9 mm.

32 coups dans le chargeur.
Longueur, crosse comprise : 83,3 cm ; sans la crosse : 63,0 cm.
Poids (non chargé) : 4,1 kg.
Cadence de tir : 500 coups/min.
Fabricant : Erma-Werke, Erfurt.

Ce pistolet-mitrailleur moderne et alors révolutionnaire, fut fabriqué en acier et en matières synthétiques, à partir d'août 1938 et jusqu'en 1940. La MP 38/40 possédait un bouton de sécurité supplémentaire qui bloquait la culasse.

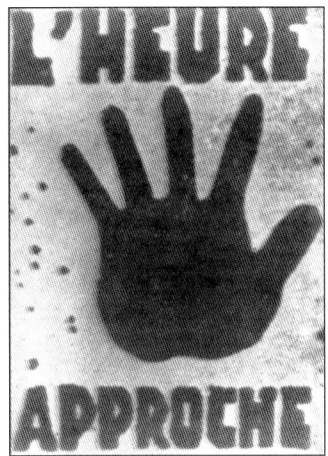

Tract de la Résistance.

Avec 12 837 avions et planeurs, ainsi que 6 991 navires et péniches de débarquement, l'opération «Overlord», la plus grande opération amphibie de tous les temps, avait commencé à minuit, dans la nuit du 5 au 6 juin 1944. Des trois millions de soldats qui avaient été rassemblés en Grande-Bretagne, 150 000 hommes sont engagés pour cette première journée d'attaque.

Le sergent Ludwig Förster.

sous-lieutenant Bauch lui a signalé, depuis le poste de commandement de la compagnie, qu'il pense que l'invasion a commencé. Comme les soldats stationnés sur la côte se sont entre-temps habitués au fait que chaque nuit de nombreux bombardiers viennent au-dessus de la mer pour larguer leurs chargements de bombes sur la Normandie, le caporal Selbach n'attache pas une importance particulière à toute cette situation...

Il est cinq heures du matin quand Peter Lützen revient dans l'abri pour la troupe. Les soldats ont discuté toute la soirée, à la lumière des bougies et des lampes à pétrole puantes, de la possibilité d'une invasion dans leur secteur. Il y a des semaines qu'il n'y a plus d'électricité dans leurs quartiers. Lützen se jette tout habillé sur son lit et ferme les yeux de fatigue. À ce moment-là, au poste de commandement de la compagnie, l'*Oberfeldwebel* Pie, qui vient de sortir de l'hôpital, se présente, comme convalescent, au commandant de compagnie. Le sous-lieutenant Bauch qui compte dur comme fer sur une invasion cette nuit-là, ne veut pas envoyer Ludwig Pie dans l'obscurité et avec le danger d'un long parcours, jusqu'au WN 60. Il l'envoie plutôt vers la baie par la petite route menant au WN 62. Lützen, en tant qu'homme de liaison et adjoint du commandant du point d'appui, est informé de cette situation par le commandant de compagnie.

L'enfer

«*Alerte! Le Tommy est devant nous!*»

Le 6 juin, vers 1 heure du matin, le sergent Förster surgit dans l'obscurité à l'intérieur de l'abri souterrain pour la troupe du WN 62, où dorment les soldats. Croyant qu'il s'agit d'une alerte dans le cadre de l'exercice prévu, Lützen réplique dans son patois du Schleswig *(une région proche de la frontière danoise. N.D.T.)* :

«*Tu n'y crois quand même pas...*»

Les soldats restent couchés dans leurs lits. Énervé, Förster revient quelques instants plus tard et gronde :

«*Dehors! Cette fois c'est sérieux, ils arrivent!*»

Les hommes sautent enfin de leurs lits et tombent directement dans leurs bottes car, depuis longtemps déjà, à cause de l'état d'alerte toujours plus menaçant, ils doivent dormir avec leurs uniformes. Ils attrapent leurs fusils et partent en courant vers leurs positions défensives équipées de leurs armes lourdes. Heinrich Krieftewirth, qui s'était fait faire quelques mois auparavant un dentier complet par le dentiste militaire à Bayeux, court à sa casemate et, tout à son excitation, oublie de le mettre. Bruno Plota grimpe quant à lui dans la cheminée d'aération de près de quatre mètres de haut qui sert également de sortie de secours *(c'est l'endroit le plus haut de tout le point d'appui)*. Il raconte :

« *De là, je ne peux voir, à l'horizon à peine plus clair, qu'une masse de petits points – que des bateaux…* »

On peut maintenant entendre distinctement le grondement de centaines d'avions au loin. Et lorsque les soldats arrivent devant le bunker, la couverture nuageuse s'est partiellement dégagée et la lumière pâle de la pleine lune permet de reconnaître les trois bandes blanches et les deux bandes noires peintes sur les ailes et les fuselages des avions alliés qui volent bas. On peut aussi apercevoir les nombreux planeurs remplis de soldats et tirés par de longs câbles. Hans Selbach se souvient :

« *On peut alors voir distinctement les avions avec leurs remorques, passer au-dessus de nous, vers l'arrière-pays. Un moment plus tard, ils reviennent sans leurs remorques et il est maintenant évident que nous sommes pris en tenaille…* »

Peter Lützen est aussi très impressionné par ce spectacle nocturne :

« *À l'ouest et à l'extrémité de la presqu'île du Cotentin lointaine, que nous pouvons distinctement apercevoir depuis le WN 62, on peut voir que ça barde dans le secteur de Cherbourg ; tout le ciel est éclairé là-bas.* »

Il lui paraît aussitôt évident qu'il s'agit de l'invasion tant attendue…

Peu après, un avion allié, touché par une mitrailleuse antiaérienne allemande, survole sur le dos le point d'appui, moteurs hurlants, et s'écrase dans un champ de Colleville, à seulement un kilomètre et demi du WN 62, dans les terres.

Les soldats, qui n'ont pas dormi longtemps, se trouvent à leurs postes en frissonnant dans la nuit fraîche. Après leurs durs travaux de terrassement, qu'ils devaient poursuivre méthodiquement le 6 juin, ils portent encore leurs minces tenues de travail. Le cuisinier Valentin Lehrmann, avance dans l'obscurité, passant d'un soldat à l'autre, et verse du vin chaud dans leurs quarts.

Après 1 heure du matin, le lieutenant Bernhard Frerking et son ordonnance, le caporal Hein Severloh, arrivent avec leur petite carriole à deux roues à l'entrée supérieure du WN 62 pour venir occuper le poste d'observation d'artillerie situé sur le point d'appui. Les casques d'acier brillent de manière matte sous les rayons de la lune qui est voilée par des lambeaux de nuage traversant le ciel. Le sergent Beermann les attend déjà tous les deux et ouvre le portail en bois garni de barbelés de l'entrée sud. Severloh a conduit la carriole jusque-là. Lui et son chef en descendent et Beermann se saisit de l'attelage pour amener le cheval dans une écurie face à l'église de Colleville. Une lourde tension étreint tous les soldats.

Lorsque, vers 3 heures, la pleine lune éclaire légèrement la mer de sa pâle lumière tandis que les nuages se déchirent lentement, Peter Lützen

Attendre…

Sous le couvert de la nuit et derrière un rideau de brouillard artificiel, la flotte de guerre alliée se prépare à déclencher un feu roulant contre les défenses côtières alliées. Ici, un LCR (Landing Craft Rocket, barge spéciale équipée de lance-roquettes).

et Michel Schnichels se sont installés depuis longtemps dans le LSG-Bunker. Depuis leur position située à 53 mètres au-dessus de la mer, ils peuvent soudain apercevoir fantomatiquement d'innombrables silhouettes sombres de navires au loin sur la mer. Bien que tous les navires de la flotte ne soient pas éclairés et qu'un épais mur de brouillard artificiel ait été constitué à des fins de camouflage, les deux hommes, placés tout en haut du point d'appui, peuvent voir la partie principale de l'armada derrière ce brouillard. En revanche, la flotte reste cachée derrière celui-ci aux soldats situés plus bas.

Sur le WN 60, onze mètres plus haut, les soldats sont mis en état d'alerte à 1 heure du matin *(comme sur toute la côte normande)*. Heinz Bongard et ses camarades sont fascinés, de façon inhabituelle, par la vision impressionnante de l'incroyable armada :

« *Nous pouvons distinctement voir la puissante flotte à l'horizon car, de nuit, il fait plus clair sur la mer que sur la terre.* »

Le sous-officier présent à côté du caporal dit, soucieux :

« *Ça va vraiment péter de manière terrible…* »

À 3 heures pile, sur le WN 62, Lützen tire trois fusées blanches éclairantes et trois rouges, ce qui signifie : « *nous sommes ici* ». Il attend maintenant que la flotte sombre qui se trouve au loin réponde à son signal afin de savoir s'il s'agit de navires de guerre allemands. Mais, aucune réponse ne vient de la mer. Un moment plus tard, le poste du WN 60, sur le versant opposé, envoie aussi dans le ciel sombre trois fusées blanches et trois fusées rouges ; de toute évidence, il a également remarqué l'armada. Quelques minutes plus tard, le signal est répété par le point d'appui voisin mais, de nouveau, aucune réponse n'arrive de la flotte mystérieuse.

Peter Lützen n'éprouve aucune peur face à cette énorme armada, repérée maintenant sans aucun doute comme ennemie. Bien plus, il croit que « *lorsque ça va péter, je n'en subirai aucun désagrément* ». Au poste d'observation, Hein Severloh ressent la même chose mais il remarque cependant que son lieutenant « *était soudain devenu complètement différent ; Frerking était silencieux, paraissait sérieux et pensif, quelque chose avait été complètement changé en lui, comme s'il avait de mauvais pressentiments…* » Pour détendre l'atmosphère, le caporal se met à blaguer :

« *Ceux-là, ils sont bien de l'autre secteur postal…* » (« *Ceux de l'autre secteur postal* » sont les ennemis dans le jargon du « *Landser* ». N.D.T.).

Des soldats de la Marine américaine chargent des rampes de lance-roquettes.

Hein Severloh propose alors à son chef de batterie d'appeler le *Kommandeur* du 1er groupe, le *Major* Werner Pluskat. Quelque temps plus tard, Frerking sort de son bunker, rejoint son ordonnance sur le toit en béton de la *B-Stelle* et dit qu'il n'a pu joindre le *Major* ni à l'état-major du groupe, ni au poste de commandement du groupe, ni non plus à son quartier, au château d'Etreham. Severloh réplique en ricanant :

« *Il ramène probablement à Paris les dames du théâtre aux armées…* »

Frerking, qui sait que le *Major* Pluskat s'est beaucoup occupé des quatre charmantes dames ces derniers jours, sourit, ce qui signifie beaucoup de choses. Pluskat était également au courant de l'invasion qui menaçait. Ainsi, le commandant de la batterie se trouve totalement livré à lui-même avec ses hommes, sans aucun ordre du *Kommandeur* du groupe et il doit donc agir de son propre chef.

Après que le brouillard artificiel se soit soudain dissipé au lever du soleil, les soldats des points d'appui côtiers (comme ici depuis la villa située devant le WN 62) peuvent distinguer nettement le front de 80 kilomètres de large des navires de guerre se trouvant encore à une distance de 17 kilomètres.

L'armada des Alliés s'est approchée de la côte jusqu'à une distance de vingt kilomètres derrière le rideau de brouillard artificiel. À l'est, l'horizon est déjà clair lorsqu'à 5 h 50, soudain, le brouillard artificiel se disperse et offre aux regards des soldats allemands la plus puissante flotte de guerre de l'Histoire, une flotte au-dessus de laquelle des centaines de ballons de barrage de protection contre les avions se dandinent en lançant des reflets argentés. Au même moment, 446 bombardiers B-24 se rapprochent de la côte. Leurs pilotes ont reçu l'ordre de détruire les points d'appui côtiers allemands *(la baie entre Sainte-Honorine-des-Pertes et Vierville)* contre lesquels ils utiliseront 13 000 bombes pour un poids total de 1 285 tonnes.

Soudain, à 5 h 55, une tempête de feu brise le calme matinal. Les navires alliés déclenchent un ouragan de feu sans équivalent qui frappe la côte normande en étincelant, en hurlant et en grondant. Dans un rapide staccato, des flammes orange vif sortent à l'horizon de la gueule des canons de l'artillerie lourde de marine et, avec de longues gerbes jaune clair, des milliers de fusées sont envoyées depuis des barges plates spécialement construites pour cette mission. Dans le ciel matinal encore sombre, ces fusées foncent en sifflant vers la côte pour exploser sur les

Pièces du cuirassé USS Arkansas prêtes à tirer, dirigées sur les WN 62 et WN 68 (près de Saint-Laurent).

Tir d'une salve de roquettes. Un LCR peut être pourvu de 324 roquettes pour une salve.

points d'appui en éclairs blancs. De hautes projections de calcaire beige grimpent vers le ciel après chaque impact de roquette et d'obus sur le versant pentu du WN 62. Au feu roulant de l'artillerie de marine se mêlent les chapelets de bombes larguées par les Liberator qui font trembler le plateau côtier. Le caporal Heinz Bongard, qui a vécu le bombardement depuis le WN 60 distant de 900 mètres, raconte :

« *Toute cette moisson se fait principalement sur les versants supérieurs et, en dessous, à l'arrière du point d'appui. Mais le bombardement a lieu comme s'il pleuvait des ficelles ; on ne peut rien voir. Les bombardiers ont durement touché Colleville...* »

Partout sur le point d'appui, les soldats ont cherché à se protéger de la pluie d'acier en s'accroupissant dans leurs abris. Dans sa hâte, Bruno Plota a oublié son casque d'acier dans l'abri pour la troupe et il se cale dans un coin de son Tobrouk, tirant son bonnet de police de la *Wehrmacht* sur ses oreilles. Dans son abri constitué seulement de rondins, Franz Gockel, strictement élevé dans la foi catholique, s'est tassé en

Avant l'interruption du barrage d'artillerie des Américains, les premiers GI ont commencé les transferts des navires de transport aux péniches de débarquement.

L'artillerie lourde de la Marine arrose la côte.

deux, sous l'affût de sa mitrailleuse, criant et appelant la Mère de Dieu et Saint-Joseph. Il n'a pas osé sauter dans le trou individuel proche, à cause du feu roulant déclenché subitement.

Hein Severloh s'est également agenouillé dans sa position pour MG et, comme beaucoup d'autres soldats, il a envoyé une prière vers le ciel. Dans seulement seize jours, il aura 21 ans et il veut les atteindre…

Soudain, les tirs sur le point d'appui cessent pour un moment et Severloh, croyant à la fin du barrage d'artillerie, se rend au bunker d'observation. Le *Wachtmeister* Ewald Fack est accroupi devant son entrée. Blême, totalement anéanti, il tremble de tout son corps. En rampant dans la tranchée, il a perdu son petit pistolet *(ce qui n'est pas permis pendant le service)*. Le caporal se penche alors et le rend au *Wachtmeister*. Fack est furieux et son regard brille de peur. Au même moment, le feu roulant reprend et des projections de terre s'élèvent de chaque côté de la tranchée.

À peine Hein Severloh est-il revenu dans sa position pour MG qu'un éclat de métal gros comme le poing frappe son casque et roule ensuite à ses pieds. Mais quand il veut le saisir, il se brûle les doigts et reconnaît alors qu'il s'agit en fait d'une partie de la pointe d'un obus, du détonateur.

Peter Lützen et Michel Schnichels, qui ont quitté quelques minutes plus tôt la tranchée située devant leur LSG-Bunker, se trouvent à ce moment-là debout sur le bord de la tranchée principale, dans la partie supérieure située à l'arrière du point d'appui. Ils voient alors un obus de gros calibre percuter l'intérieur de cette tranchée, à seulement 50 mètres d'eux. La détonation fait trembler le sol, et comme une éruption volcanique, un tourbillon où se mêlent fumée noire, masses de terre et gros blocs de calcaire est projeté en l'air et retombe au bout d'un moment en pluie sur le sol du point d'appui. En même temps, une autre vague menaçante de bombardiers s'approche de la côte dans un ciel qui s'éclaircit.

En hâte, Michel Schnichels propose à Peter Lützen de chercher un abri dans le vaste Tobrouk vide situé près du LSG-Bunker et où, comme aucunes munitions n'ont été déposées, il n'y a pas de risque d'explosion. Lützen et Schnichels courent, pliés en deux, sautent dans la courte tranchée et cherchent ensuite à se mettre à l'abri dans la position bétonnée. À peine se sont-ils accroupis dans les niches du Tobrouk que le feu roulant reprend avec violence et que tout le sol secoue le bunker, l'air vibrant comme un vrai matériau.

Au moment où les tirs venus de la mer ont commencé, Heinz Bongard a été envoyé par son sergent du versant avancé et abrupt du WN 60 vers l'arrière, dans un trou individuel creusé sur le vaste plateau, pour des raisons de sécurité :

«*Prends ton fusil et va vers l'arrière, dans le trou !*»

Courant plié en deux, Bongard quitte sa position de mitrailleuse lourde et saute dans un trou situé à plus de cent mètres en arrière. Un moment plus tard, le bunker à munitions qui se trouve à proximité de la position non couverte de la mitrailleuse lourde de Bongard, reçoit un coup au but. La puissante explosion a non seulement balayé la position de la mitrailleuse de Bongard mais aussi une position pour MG située juste à côté, avec ses fantassins.

Peu avant 6 heures, la villa située à l'est de l'entrée principale du WN 62 reçoit un coup au but d'un obus de gros calibre. Il a littéralement

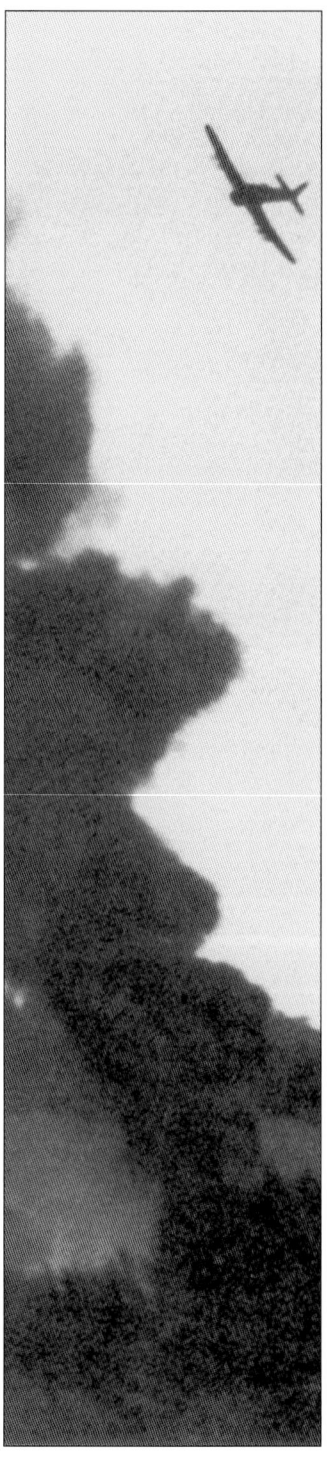

Obus de marine, bombes de roquettes, la côte normande sous des tirs de barrage.

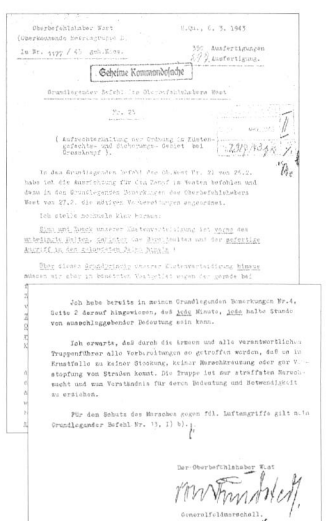

Le commandant en chef à l'Ouest, le Generalfeldmarschall *Karl Rudolf Gerd von Rundstedt* et un extrait de son «ordre fondamental» n° 23 du 6 mars 1943: «Le sens et le but de notre défense côtière sont de tenir à tout prix avant, de se tenir prêt en arrière et de lancer aussitôt l'attaque au sein de l'ennemi qui aura débarqué!» *et, plus loin,* «J'ai déjà signalé dans mes remarques fondamentales n° 4, page 2, que chaque minute, chaque demi-heure peut être d'une importance capitale» *(etc.).*

détruit le bâtiment et, aussitôt, ses ruines laissent échapper des flammes claires. Peu après, le concasseur de galets qui, dans un premier temps, avait été épargné, reçoit un violent impact et s'effondre en partie. Puis c'est la villa située en haut de la plage qui subit des tirs, à l'endroit même où logeaient les soldats de la Marine.

Le feu roulant sur la côte cesse à 6h27 et de lourds et sombres panaches de fumée s'accrochent désormais sur les hauts versants de toute la baie. Des buissons de genêts épais, qui ont pris feu, laissent échapper de la fumée bleu clair et l'air est rendu amer par les explosifs qui ont brûlé. La poussière claire dégagée par le sol calcaire et dispersée par l'impact des milliers d'obus, recouvre d'un léger manteau la baie longue de six kilomètres et fait disparaître les points d'appui et leurs garnisons.

Le terrible feu roulant a fait ses premières victimes sur de nombreux points d'appui, mais les cris des blessés et les appels lancés vers les infirmiers se perdent dans le ronronnement croissant des péniches de la première vague qui approchent. Sur le WN 62, seul a été légèrement blessé jusqu'à présent Franz Heckmann, le pourvoyeur du 5-cm-Pak de Siegfried Kuska. Dans l'abri en rondins de Franz Gockel, des éclats ont détruit le système d'allumage des deux lance-flammes. Les soldats allemands sortent prudemment des abris et des tranchées, leurs têtes coiffées de casques d'acier recouverts de poussière. Ils ont devant eux un spectacle inoubliable.

«*La mer semble être noire de navires*», comme le diront plus tard les soldats.

Pas un tir n'est parti des points d'appui allemands tout au long de la côte. Toutes les pièces lourdes étaient tombées sous le feu roulant et les soldats n'ont eu d'autre solution que d'attendre. D'attendre également le soutien de la Luftwaffe *(qui ne viendra pas ce 6 juin…).*

Les grands navires ligne, les destroyers, les barges et les bâtiments lance-fusées se sont approchés de la côte pour assurer le feu roulant et le bombardement. En revanche, les transports de troupes sont restés en sécurité derrière les quatre cuirassés, tandis que les soldats américains descendent dans les petites péniches de débarquement au moyen de grands filets. Sous la protection de la chape de feu déclenchée par les navires de bataille et les barges lance-fusées, ces péniches se sont rapprochées de la côte au milieu d'une mer forte. Sur une distance de 17 kilomètres, il faut plus d'une heure pour atteindre la baie désignée sur les cartes sous le nom de code d'*Omaha* – mais *Omaha* sera aussi un désastre sanglant pour les Américains.

Après la fin du barrage d'artillerie et alors que les péniches de débarquement approchent, Hein Severloh profite de cette pause pour courir jusqu'au bunker de transmission souterrain du poste d'observation afin d'y retrouver ses camarades, le sergent Beermann, les deux radios ainsi que les caporaux Warnecke et Schulz, et les informer de la situation. Depuis l'entrée, Severloh leur crie:

«*C'est parti, ils débarquent!*»

Les téléphonistes et les radios sont constamment occupés au téléphone ou à la radio. Ils ne peuvent quitter le bunker et ne savent pas ce qui se passe dehors. Warnecke demande:

«*Hein, à chaque fois que cela te sera possible, dis-nous comment ça se passe en dessous, sur la plage.*»

Peu après, le lieutenant Frerking apparaît dans la position pour MG de Severloh. Plus aucun tir n'arrive de la mer, seul le ronronnement sourd des moteurs diesels de 250 chevaux des petites péniches de débarquement emplit la baie dans les secteurs de côte voisins. Cependant, un LCIL *(Landing Craft Infantry Large, navire de transport de troupes pour 160 fantassins)* approche lui aussi de la partie nord-ouest du point d'appui. Il est équipé de deux rampes à l'avant, de chaque côté de l'étrave, et il les laisse tomber à l'eau. Dans ce secteur dévolu à la 1st Infantry Division, les fantassins commencent à descendre lentement ces rampes, alourdis par leur équipement et leurs armes et se mettent à sauter dans l'eau qui leur arrive presque jusqu'à la poitrine !

Selon une erreur d'estimation flagrante de la part du commandement américain qui se trouve à bord des navires de guerre, à propos de l'effet du barrage d'artillerie qui a duré 32 minutes et de celui du bombardement, on avait dit aux GI qui grimpaient dans les péniches de débarquement qu'ils ne trouveraient plus aucune résistance allemande en face d'eux. Les GI, qui avaient également vu la côte couverte de fumée et muette, pensaient que personne n'aurait pu survivre à un tel bombardement...

Les GI avancent lentement dans l'eau, dans un ordre parfait, en formant une chaîne depuis le LCIL jusqu'à la plage de 500 mètres de large.

Ce que l'on ne sait pas, du côté des Américains, c'est que la plus grande partie des obus de marine et des bombes aériennes est tombée bien trop loin, au-delà des défenses côtières, dans l'arrière-pays, si bien que l'effet souhaité, à savoir la destruction des casemates et de leurs pièces, ainsi que des positions de mitrailleuses et des obstacles de plage n'a pas du tout été obtenu.

« Dès que nous voyons leurs casques qui les font ressembler à de gros champignons », dit Hein Severloh, *« nous pouvons nous rendre compte que ce sont des Américains qui arrivent en dessous, alors que nous n'avions parlé jusqu'à présent que des Tommies qui arriveraient... »*

Lorsque les GI n'ont plus d'eau que jusqu'aux cuisses, et qu'ils avancent lentement sur le sable, en deux files, le lieutenant Frerking dit doucement à Hein Severloh : *« Les pauvres types... »*

Le lieutenant Bernhard Frerking.

Les petites péniches de débarquement ont été mises à l'eau depuis les navires de guerre, pour des raisons de sécurité, et ont effectué plus d'une heure de navigation pour atteindre la plage. En raison de leur vitesse limitée, ces embarcations ont été des cibles faciles pour la défense allemande.

Bernhard Frerking quitte alors la position pour MG de Severloh et rejoint son poste dans le bunker d'observation. Hein Severloh arme son fusil-mitrailleur, prêt à faire feu. Son MG42, une arme moderne qui porte loin, et sa bonne position, à 30 mètres de hauteur, lui permettent d'être le premier du WN 62 à ouvrir le feu.

« *Il ne faudra tirer que quand ils auront de l'eau jusqu'aux genoux* », avait dit Frerking, et maintenant, ils ont de l'eau aux genoux…

Le fusil-mitrailleur de Severloh se met à aboyer. Il peut voir les GI surpris se jeter dans l'eau pour échapper aux projectiles. En cliquetant, il ouvre une trouée sanglante du bord de l'eau jusqu'au bateau et, au sein des Américains gesticulants et pris de panique, de la rampe jusqu'au pont. Puis il prend la deuxième colonne sous son feu. Ses premières rafales n'ont pas duré 40 secondes, jusqu'à ce que plus personne ne bouge devant le bateau. Il peut observer que des scènes chaotiques se déroulent sur le bateau car, de toute évidence, les autres GI hésitent à quitter le navire. Des bribes de paroles résonnent dans les haut-parleurs et Severloh peut voir les gestes des supérieurs en train de donner des ordres. Les GI suivants doivent alors descendre dans l'eau sanglante et se frayer un chemin entre les corps de leurs camarades tués qui sont ballottés par les flots. Severloh recommence à tirer…

« *J'ai vidé tout le navire* », dira-t-il plus tard.

Lorsque plus aucun soldat ne bouge sur le LCIL, il y a une courte pause et Severloh fait les dix pas qui le séparent du bunker d'observation. Le lieutenant Frerking est déjà assis sur son toit plat en béton. Le caporal propose une cigarette à son commandant de batterie et, bien que Frerking soit non fumeur, celui-ci la prend. Leurs mains tremblent lorsqu'ils allument les cigarettes. Au même moment, le LCIL recule lentement de la plage et la première vague d'assaut des légers LCA *(Landing Craft Assault, péniche d'assaut)* et des plus gros LCVP *(Landing Craft Vehicle and Personnel, péniche pour véhicules et personnel)* avance en roulant au milieu des vagues en direction de la plage. Ces péniches sont presque toutes équipées de mitrailleuses à leur étrave, mais la mer forte ne permet pas d'ajuster les tirs sur les positions allemandes.

Lorsque le lieutenant Frerking rejoint à nouveau son bunker d'observation, il donne les coordonnées et l'ordre pour un feu de salve des quatre obusiers de 10,5 cm de la Ire batterie située à Houtteville, à 4,5 kilomètres de là :

« Objectif Dora, distance quatre-huit-cinq zéro, azimut vingt plus, feu ! »

Tir de l'un des quatre obusiers de 10,5 cm de la 1ʳᵉ batterie en position à Houtteville, à 4,5 kilomètres dans les terres.

Dans les péniches de cette première vague, il y a principalement des équipes de démolition, des spécialistes chargés de dégager les obstacles de la plage. Cependant, ces hommes tombent soudain sous un terrible feu de mitrailleuses et d'obus. Heinz Bongard, qui dispose d'un formidable point de vue sur la mer depuis le WN 60 situé à 64 mètres de haut, aperçoit les WN 61 et WN 62, ainsi que toute la baie avec ses presque deux mille obstacles de plage. Il observe le drame des Américains en dessous, sur la plage :

« La première vague des Américains n'engagera pas le combat, elle est déjà liquidée... »

Dans l'une des péniches de débarquement de cette première vague, se trouve également le reporter photo américain du magazine *Life* Robert Capa. À ce moment-là, alors que le LCA dans lequel est accroupi Capa, au milieu de trente-cinq GI du 16th US Infantry Regiment, a baissé sa rampe sur la plage devant la vallée de Colleville, il connaît l'apocalypse. Le correspondant de guerre, habituellement impavide et qui a déjà couvert la guerre civile espagnole et les combats en Afrique

Des GI sous les tirs de mitrailleuses allemandes.

Dans le secteur «Fox Green», devant le WN 61, et hors de portée de la défense allemande, trois chars Sherman sont débarqués d'un LCT.

Le correspondant de guerre Robert Capa.

du Nord, doit couvrir maintenant les cinq cents mètres de plage découverte pour se jeter derrière un obstacle et s'y protéger quelque peu de l'explosion des obus et des rafales de mitrailleuse. Capa n'est «armé» que de son appareil photo.

Peu après, un gros LCT 600 (*Landing Craft Tanks, péniche de débarquement pour les tanks*) arrive juste devant le WN 61 occupé seulement par douze soldats. La péniche, qui ne peut être atteinte par le canon de 8,8 cm sous bunker, ni par les hommes du WN 60 haut perché et qui ne peuvent la voir, débarque presque sans difficulté trois chars Sherman du 741e Bataillon. Les tanks roulent aussitôt jusqu'aux obstacles de plage et commencent à ouvrir le feu, à environ quatre cents mètres de distance, sur les WN 61 et WN 62. Une flamme jaune pâle grimpe soudain vers le ciel gris empli de fumée depuis l'un de ces chars qui se trouvent à proximité de Robert Capa. Aucun membre d'équipage n'échappera à cet obus. Plié en deux, Capa court jusqu'au char pour y chercher une nouvelle protection. Partout autour de lui explosent les obus de la défense allemande. Des GI sont projetés en l'air, jambes et bras arrachés, et Capa photographie, allongé entre les mourants et les morts. Ce sont des moments d'horreur. Lorsque ses nerfs lâchent, au bout de quelques minutes, et que tout son corps est secoué de tremblements incontrôlables, il est incapable de continuer à photographier. Il bondit alors et court, au milieu du hurlement des obus et du sifflement des balles des MG, jusqu'à une péniche de débarquement qui vient juste d'aborder et de débarquer son chargement de GI. Au moment où Robert Capa trébuche sur la rampe de la péniche, un obus atteint la poupe de cette dernière et pulvérise le timonier dont les lambeaux sanglants sont projetés partout dans l'embarcation et dont le capitaine pleure comme un gamin.

À ce moment-là, Peter Lützen reçoit un appel du poste de commandement de la compagnie par la radio optique. Le commandant de compagnie veut savoir quelle est la situation sous le WN 62 après le violent bombardement. Lützen envoie alors Schnichels, son agent de liaison, en bas dans le point d'appui, pour se faire une idée de la situation. Michel Schnichels prend donc son fusil et descend en toute hâte la tranchée principale.

À peine est-il parti que Lützen fait une observation inhabituelle.

«*Peu avant 7 heures, venant de l'est et très proche de la côte, un des destroyers américains passe au milieu de la deuxième vague de péniches de débarquement. Il arrive jusqu'à l'autre extrémité de la baie. Aucun obus allemand ne l'a atteint mais, lorsqu'il arrive à la hauteur du WN 70, il explose dans un puissant grondement. Je crois qu'il a touché une mine marine.*»

Plus de soixante péniches arrivent dans la baie, en désordre, avec cette deuxième vague d'attaque. Parmi elles, dix s'approchent directement du WN 62 dans le secteur «Easy Red». Hein Severloh les observe avec précision:

«*Je peux apercevoir distinctement les petites embarcations qui affrontent la mer agitée et n'avancent que lentement. Trente à quarante hommes seulement sont accroupis dans chaque embarcation. Le ronronnement des moteurs est de plus en plus fort et résonne dans toute la baie.*»

Les mitrailleuses des points d'appui matraquent souvent les petites péniches de débarquement en bois avant que leurs rampes ne s'abaissent.

Les GI, serrés les uns contre les autres sur ces embarcations, sont livrés quasiment sans défense aux rafales de balles des MG et cherchent uniquement à trouver une vague protection entre leurs camarades. Outre la panique, le mal de mer causé par une traversée de plus d'une heure provoque nausées et vomissements.

Lorsque les petites péniches arrivent devant le WN 62, encore loin des obstacles de plage, les obusiers du lieutenant Frerking déclenchent un autre tir de barrage sur la plage. Les projectiles de la deuxième batterie, placée à Etreham, à quatre kilomètres de là, s'abattent sur la plage devant le WN 61. Deux obus de 10,5 cm explosent dans l'eau à proximité de deux péniches d'assaut d'une unité spéciale du Génie. Les deux péniches se dressent presque en même temps à la verticale et basculent en arrière. Les sapeurs sont projetés et disparaissent dans la mer sous le poids de leur lourd équipement. Quant aux hommes qui ont échappé à cet enfer d'explosions, ils sont pris à nouveau sous le feu des mitrailleurs allemands.

Les GI d'une péniche de débarquement en train de sombrer luttent...

Entraînés par un fort courant venant du nord-ouest, beaucoup de péniches de débarquement arrivent directement devant le WN 62 et les GI se retrouvent alors sur un secteur de plage complètement différent de celui qui était prévu. C'est pourquoi Hein Severloh tire en direction du nord-ouest.

« Je peux voir les petits geysers sur l'eau causés par mes gerbes de balles et quand ces petits geysers s'approchent des GI, ils se jettent à l'eau. Beaucoup tentent de rejoindre les premiers obstacles de plage pour se protéger quelque peu. Je tire entre les nombreuses silhouettes sombres dans l'eau qui se trouvent encore à trois cents mètres du haut de la plage. Quelque temps après, de nombreux GI se sont écroulés... »

Depuis la casemate inférieure, Hans Selbach observe le massacre incessant :

« Là, en dessous, les Américains ont eu des pertes horribles. Bien qu'ils étaient nos ennemis, je les ai vraiment plaints... »

Arrive alors la vague suivante des péniches de débarquement et les sapeurs continuent à sortir. Chacun d'entre eux est une véritable « bombe vivante » car, les diverses poches de leurs tenues de combat, leurs musettes et leurs sacs à dos sont bourrés d'explosifs... Au milieu de la grêle dense des projectiles, à chaque instant, des hommes sont touchés et s'effondrent en s'approchant du WN 61 pour ouvrir une brèche dans la ceinture d'obstacles de ce secteur « Fox Green ». Au prix de très lourdes pertes, ils réussissent à dégager à coups d'explosifs un étroit corridor, ce que les sapeurs de la *Demolition Task Force* n'arrivent pas à faire devant le WN 62. Sans arrêt, les mitrailleuses et les obus de la défense allemande matraquent les équipes de démolition. Les quelques survivants de ces commandos spéciaux cherchent à trouver un abri derrière les étroits obstacles et le talus plat et à pic du haut de la plage, puis attendent la marée haute de l'après-midi pour ensuite *(mais bien trop tard)* poursuivre leur très important travail au profit des vagues d'attaque suivantes *(le 6 juin, dans ce secteur, les pertes de ces troupes spéciales sont montées à 51 %, la plupart d'entre elles ayant lieu dans la première demi-heure)*.

...dans la mer pour survivre...

Le WN 62 se trouve toujours sous de violents tirs. Sur l'ordre du sergent Rirster, Bruno Plota doit quitter son Tobrouk sous la grêle des projectiles, pour courir jusqu'à l'abri de la troupe afin d'aller chercher

... et arrivent sur la plage sous la grêle des projectiles...

Les GI tués s'amoncellent sur la ceinture de galets à proximité du WN 62.

son casque d'acier oublié pendant la nuit. Comme il ne peut pas encore mettre son mortier en batterie car cette arme ne peut pas atteindre toute la plage, il doit ensuite courir jusqu'à la casemate inférieure pour amener les obus aux servants de la pièce installée derrière les épais murs de béton.

La troisième vague des péniches de débarquement n'a pas encore atteint la plage qui est devenue lentement plus étroite du fait de la marée montante, qu'un LCVP contenant cinquante hommes arrive directement devant le WN 62 et reçoit un coup au but – un obus tiré par le 8,8-cm-Pak de la casemate du WN 61 voisin. Le bateau se redresse et a toute son étrave arrachée. Beaucoup de GI sont projetés en l'air, avec armes et équipement. Peu après, des morceaux d'épave et quelques survivants hurlants sont ballottés au milieu d'une grande flaque de carburant qui brûle et dégage une fumée noire.

Depuis l'arrivée des premières péniches de débarquement, Hermann Götsch a pu observer que la plupart des Américains se noient en raison de leur lourd équipement lorsque leurs petites péniches chavirent. Quelques courageux GI de couleur, qui sont arrivés sur la terre ferme, retournent à l'eau et réussissent à sauver quelques-uns de leurs camarades, malgré les tirs violents et la mer forte. Au sujet des soldats de couleur, Götsch dira qu'ils « *étaient des types courageux et solides, des gars solides comme des arbres...* »

Vers 7 h 10, le 8,8-cm-Pak reçoit un coup au but, directement sur son frein de bouche, et est totalement détruit. Peu après, Hermann Gertsch se trouve dans une tranchée du WN 61, en route pour la casemate et sa pièce détruite. Il observe qu'à ce moment-là, l'*Oberfeldwebel* Schnüll, grimpé sur le toit de la casemate, tire avec le MG 42 à la hanche sur les GI sautant de leurs péniches de débarquement devant le point d'appui. Soudain, tout tremble à l'endroit où l'homme est encore en train de tirer. Un pâle éclair et un nuage de poussière gris rouge plane au-dessus de la casemate. Un obus tiré par l'un des trois chars bloqués sur les galets, devant le WN 61, a déchiqueté le tireur MG allemand.

La face occidentale de la casemate dans laquelle se trouvait le 8,8-cm-Pak sur le terrain de l'ancien WN 61, dans les années soixante-dix. L'Oberfeldwebel Friedrich Schnüll a été tué sur le toit de la casemate.

Peu après, dans son petit LSG-Bunker, Peter Lützen appelle le WN 61 par radio pour transmettre sa situation au poste de commandement de la compagnie. Il apprend que le chef du point d'appui, l'*Oberfeldwebel* Schnüll, a été tué quelques minutes auparavant par un obus, sur la casemate.

Dans les positions pour MG les plus avancées du WN 62, situées seulement à dix mètres de hauteur sur le versant, avec son MG-34, le caporal Kwiatkowski a tiré bande sur bande sur les GI en train de débarquer. De biais, juste derrière lui, crépite sans arrêt la vieille mitrailleuse polonaise de Kieserling. En revanche, Franz Gockel n'a pu tirer jusqu'à présent que quelques courtes rafales sur les péniches de débarquement avec sa mitrailleuse lourde refroidie par eau : la bande de munitions de son tambour d'alimentation a été encrassée, ce qui a causé des incidents de tir. En toute hâte, il sort la bande de l'arme, secoue la poussière et veut la remettre en place. Il se souvient :

« *À cet instant, la mitrailleuse a été détruite entre mes mains. Il est incroyable que je n'ai pas eu alors la moindre blessure.* »

Dans les ruines de la villa qui brûlent encore à l'entrée orientale du point d'appui, des obus qui étaient stockés dans la cave explosent à cause de la forte chaleur et projettent en l'air des poutres, des planches et des pierres.

Comme le caporal Reckers se trouve encore à l'hôpital, le caporal-chef Krieftewirth est seul dans la casemate inférieure, avec le canon de 7,65 cm. Il tire obus sur obus sur la plage qui s'étend à l'ouest du point d'appui, jusqu'à une distance d'environ mille mètres. Le caporal Selbach, qui pourvoit au ravitaillement en munitions de la pièce avec le caporal-chef Plota et le soldat Drews, va chercher les obus dans une pièce annexe et peut observer avec précision l'effet dévastateur des tirs sur les péniches d'assaut :

« *Nous prenons les péniches de débarquement sous le tir direct de notre canon et pouvons voir avec précision ce qui arrive aux Américains, c'est terrible…* »

Les soldats allemands se protègent comme ils peuvent de la menace, maintenant également représentée par des avions de chasse. Hans Selbach poursuit son témoignage :

« *Toute la mer est noire de bateaux, il n'y a pas une seule étendue d'eau qui soit libre et, au-dessus, il y a les avions. Ça tire de tous les côtés… En outre, depuis longtemps, il n'y a quasiment plus un mètre carré du point d'appui qui n'a pas été atteint par un obus. Nous avons vraiment peur…* »

Avec la marée montante, les GI restés dans l'eau avancent lentement derrière la masse des cadavres de leurs camarades tués ou noyés, cherchant désespérément un abri et s'approchant toujours du haut de la plage. Depuis la casemate inférieure, Hans Selbach peut bien observer la plage et le secteur de tir de Hein Severloh :

« *Lorsque la marée monte toujours plus, au cours du temps, des caisses et des boîtes surnagent, ainsi que des morceaux d'épaves de péniches de débarquement, et d'incroyables quantités de cadavres…* »

Dans la position située au nord-est du point d'appui, le caporal-chef Siegfried Kuska tire sur la plage devant le WN 61 avec son 5-cm-Pak. Le vétéran aguerri du front russe enchaîne obus sur obus. Sur la plage, devant le WN 61, se dressent plusieurs véhicules et blindés en feu qui se sont enlisés dans la large bande de galets et qui sont devenus les cibles faciles de son canon antichar.

Jusqu'à 9 heures, seuls quelques groupes isolés de GI ont pris pied dans le secteur du haut de la plage. Encore moins nombreux sont ceux qui se sont frayés depuis 8 heures un chemin en quelques endroits des versants. Et, par ailleurs, il y a la masse des blessés, des mourants et des tués sur toute la baie d'« Omaha ». Dans ce secteur, le débarquement

Le caporal-chef Heinrich Krieftewirth, chef de pièce du canon de 7,65 cm placé dans la casemate inférieure du WN 62 (à gauche) et l'un de ses pourvoyeurs en munitions, le caporal Hans Selbach (comparer avec la photo de la page 15).

Soldats américains blessés sur la ceinture de galets devant le WN 62.

des Américains est devenu une catastrophe. Le général Omar Bradley, le commandant en chef de la 1re Armée, suit ces terribles événements depuis son quartier général installé sur l'*Augusta,* d'où il peut observer tous ces détails avec précision. Il envisage déjà sérieusement d'interrompre l'attaque des 1re et 29e Divisions d'Infanterie et leurs 34 500 soldats, sur les six kilomètres de large du secteur côtier, et de rapatrier les troupes se trouvant sur la plage. Cependant, après en avoir discuté avec quelques-uns de ses officiers d'état-major, il prend une difficile décision et fait à nouveau déclencher un puissant feu roulant sur la côte. Cette fois, ce sera un tir à courte portée, l'ordre exprès étant donné à l'artillerie de marine de tirer d'abord sur la plage, puis d'allonger lentement son tir sur le haut de la plage, puis sur les versants, pour être sûr que les obus atteignent bien leurs objectifs et ne partent pas à nouveau au-dessus des positions allemandes. L'ordre d'ouvrir le feu tombe à 9 h 20, alors qu'à ce moment plusieurs milliers de GI se trouvent sur la grève et le haut de la plage…

À 9 h 20, les navires de guerre déclenchent devant « Omaha », un nouveau tir de barrage sur les positions allemandes. Il durera 25 minutes.

De nouveau, un ouragan de feu est déclenché par les milliers de pièces de marine et de rampes de lance-roquettes. Le sol de la côte tremble sous le feu roulant des obus de gros calibre et sous les impacts des roquettes. Un rideau de feu disloque les obstacles côtiers et grimpe lentement sur les pentes du plateau. Le cuirassé *Arkansas* matraque littéralement le WN 62 de toutes ses pièces alors qu'il se trouve à 17 kilomètres de distance. Sur le point d'appui, les soldats allemands ne voient plus rien, les positions sont recouvertes de poussière claire et de fumée noire, traversées par les éclairs des explosions des obus et des roquettes. Au milieu de cet enfer, personne ne peut viser les assaillants. Bien plus, les soldats cherchent tout simplement à survivre, mais ceux du point d'appui ont un autre problème : les réserves en munitions baissent régulièrement.

À 9 h 45, au bout de vingt-cinq minutes, le feu roulant des navires de guerre alliés cesse. Peu après, plusieurs groupes de GI réussissent dans certains secteurs de la baie à profiter du chaos général. Après les tirs violents, et sous la protection du nuage de poussière et de fumée, ils quittent la plage, atteignant le haut de la plage et même quelques versants. Après ce deuxième feu roulant, la défense allemande est trop affaiblie pour pouvoir retenir les Américains plus longtemps sur le WN 62, quelques soldats ont été blessés par les obus ou même tués. Depuis sa position, Heinz Severloh observe qu'«*un soldat et un sergent* (le *Grenadier* Faust et le sergent Ludwig Schulte) *tentent en vain de remettre en état de marche leur mitrailleuse dans la position de MG à ciel ouvert; l'arme avait été encrassée par l'action du feu roulant. De désespoir, le sergent tape sur cette mitrailleuse. Puis ils disparaissent…* »

Emblème de la 29ᵉ Division d'Infanterie américaine. En raison de forts courants, beaucoup de ses péniches vont arriver dans d'autres secteurs, trop à l'est.

Une péniche de débarquement se dirige directement sur le WN 61, dans le secteur «Fox Green» (sur le versant droit de la vallée se trouve le WN 62).
Le correspondant de guerre Ernest Hemingway décrit la situation régnant dans ce secteur de plage.

Le romancier populaire Ernest Hemingway, présent en tant que correspondant de guerre pour le journal américain *Colliers*, arrive avec la vague suivante sur un LCVP dans le secteur «Fox Green» situé juste à l'est. La péniche avance presque tout droit sur la vallée de Colleville et son commandant s'oriente *(suivant l'ordre donné à plusieurs chefs de bord dans ce secteur)* sur le clocher de la petite localité qu'on peut apercevoir au loin, au-dessus de la côte. En outre, il marque la limite de leur secteur côtier – en secteur «vert». Hemingway décrit la situation sur la plage, à l'entrée de la vallée:

«*Les diverses péniches de débarquement qui sont devant nous, se comportent comme si elles étaient complètement mélangées. Elles s'arrêtent devant la côte, changent de direction et tournent en rond…* »

Le correspondant de guerre remarque aussi les quelques blindés qui se sont enlisés dans la bande de galets:

«*Soudain, un éclair surgit d'un des chars et il commence à brûler, des flammes jaunes et de la fumée noire montent du ciel. Les chars américains sont ramassés sur toute la plage, comme des tortues noires. Ils se trouvent en dessous de la ligne de marée haute. Je me dresse et je regarde. Deux autres chars commencent à brûler. De l'un des deux sort maintenant de la fumée grise que le vent rabat sur le sable. Tandis que je suis là à observer pour voir s'il y a quelqu'un derrière la ligne de marée haute, un éclair surgit dans la fumée grise qui s'étale, et l'un des deux chars en feu explose…* »

Les chefs de bord qui devaient amener leur péniche devant la Vallée des Moulins, dans le secteur «Fox Green», avaient pointé sur leur carte l'église de Colleville dont le clocher était visible de loin.

Lorsque Hemingway se rapproche de la côte dans sa péniche, il lui est possible de distinguer plus de détails :

« *Sur le côté gauche du secteur (« Fox Green »), la plage est plate et n'offre pas d'abri. Les hommes des première, deuxième, troisième, quatrième et cinquième vagues de débarquement sont allongés dans le sable, comme ils y sont tombés. Ils sont allongés sur les galets plats, comme des épaves entre l'eau et les premiers mouvements de terrain. À droite, là où aboutit une vallée couverte de buissons, la plage est plate et vide. C'est l'endroit où les Allemands espèrent vraiment se reprendre* (WN 62) *et nous verrons plus tard comment ils le feront. Plus loin à droite, deux chars brûlent en haut de la plage. En m'approchant, je repère deux mitrailleuses. L'une d'entre elles tire de manière ininterrompue* (Theo Kowalski qui avait récupéré l'une des mitrailleuses de la position antiaérienne et avait couru avec elle jusque dans la partie inférieure du point d'appui, à proximité de la villa). *Elle se trouve dans les ruines d'une maison détruite sur le côté droit de la petite vallée* (la villa près de l'entrée principale du point d'appui). *L'autre se trouve encore à deux cents mètres à droite et à environ quatre cents mètres de la plage* (Hein Severloh). *À cet endroit, nous arrivons à portée de ces deux mitrailleuses. Cela nous siffle dru aux oreilles. Je baisse la tête et je me laisse tomber derrière la casemate de bord où se serait tenu le tireur si nous avions été armés. Les gerbes de balles sifflent maintenant sur l'eau de chaque côté de la péniche et un obus antichar nous envoie des paquets de mer en heurtant l'eau...* »

La péniche de Hemingway oblique alors vers l'ouest pour chercher à débarquer ailleurs sur la côte.

Entre-temps, sur le versant ouest du point d'appui, les GI se sont approchés des deux casemates. Quelques-uns d'entre eux, très courageux, lancent maintenant des grenades vers les embrasures, tandis que depuis le haut de la plage, à l'est du WN 62, plusieurs chars Sherman tirent contre les WN 61 et WN 62.

De l'autre côté de la vallée, les premiers GI ont déjà grimpé sur le WN 61 qui ne se trouve qu'à trois cents mètres du haut de la plage et, sur ce point d'appui, les armes se sont tues. Herman Götsch, un autre jeune soldat qui sert de pourvoyeur de munitions, et un Polonais *(le plus vieux soldat du WN 61)* qui avait servi le canon de 8,8 cm avant sa destruction par un coup au but, restent quelque temps dans la casemate dévastée car elle leur procure une relative protection. Soudain, devant la large embrasure, quelques GI passent avec une mitrailleuse. Puis juste après un autre groupe. Le jeune soldat, envahi par la peur, baisse soudain son pantalon et se libère de la tension qui l'envahit. Malgré le chaos régnant dans la casemate, il se soulage sur une pelle qui se trouve dans le bunker, la soulève et la vide à l'extérieur de la grande embrasure par un puissant mouvement, ce que remarquent aussitôt quelques GI qui se trouvent sur le point d'appui. L'un d'eux bondit vers l'embrasure, attrape une grenade et la lance dans la chambre de tir. Avant que les trois soldats allemands aient pu réagir, la grenade roule dans une petite niche et explose sans causer de dégâts. Peu après la détonation, trois des GI sautent vers l'intérieur et sont surpris de constater que personne

Le canonnier Hermann Götsch.

Le 8,8-cm-Pak détruit à l'entrée de la casemate (quelques jours après le Jour J).

n'est tué ou blessé. Bien plus, l'un des Américains reconnaît le Polonais à l'insigne qu'il porte sur la manche et commence à parler en polonais avec lui. Les deux autres se mettent aussi à participer amicalement à la discussion et proposent des cigarettes Lucky Strike au Polonais et aux deux Allemands. Les GI sont en fait des émigrants d'origine polonaise. Puis, ils conduisent leurs trois prisonniers jusqu'à la plage.

Voici le texte du rapport allemand envoyé au poste de commandement du *Grenadier-Regiment 726* à 10 h 12 :

« *Le WN 60 tient, le WN 62 tire encore avec un MG, mais la situation y est critique. Les restes des 1re et 4e compagnies sont engagés en contre-attaque.* »

La seule mitrailleuse qui tire encore sur le WN 62 est celle de Hein Severloh. Il dirige toujours le feu destructeur de son MG 42 à la rapide cadence de tir sur le secteur de plage situé à l'ouest, à proximité du concasseur de galets détruit, là où arrivent la plupart des péniches de débarquement.

Après les mauvaises conditions météorologiques qui ont régné principalement sur le sud de l'Angleterre et sur la Manche les jours précédents, le temps s'est amélioré sensiblement le 6 juin dans le secteur de la côte normande. Mais il y a encore de forts coups de vents qui sont très gênants pour un débarquement des Alliés, tout particulièrement dans le secteur d'« Utah » et d'« Omaha ». En effet, les petites péniches et les bateaux de débarquement avaient reçu pour objectifs des secteurs très précis sur la plage, et les soldats qui s'étaient spécialement préparés devaient parcourir plus de 15 kilomètres pour les atteindre. Pour cette raison, les planificateurs du débarquement avaient divisé leurs cinq plages

La zone de débarquement américaine d'« Omaha » avait été découpée en secteurs – « Dog », « Easy » et « Fox » – qui étaient séparés par les sorties de plage Dl, D3, E1, E3, F1 et F3. La sortie la plus importante pour les Américains était celle située à côté du WN 62 (E3) car la route menant vers l'intérieur à partir de là était celle qui était la moins barricadée.

Une autre zone de débarquement américaine (« Utah ») se trouvait à trente kilomètres de là, à l'ouest, sur la presqu'île du Cotentin. Les troupes britanniques et canadiennes ont débarqué dans trois autres zones (« Gold », « Juno », « Sword »), à l'est d'« Omaha ». La largeur totale des zones de débarquement des Alliés atteint 80 kilomètres d'envergure.

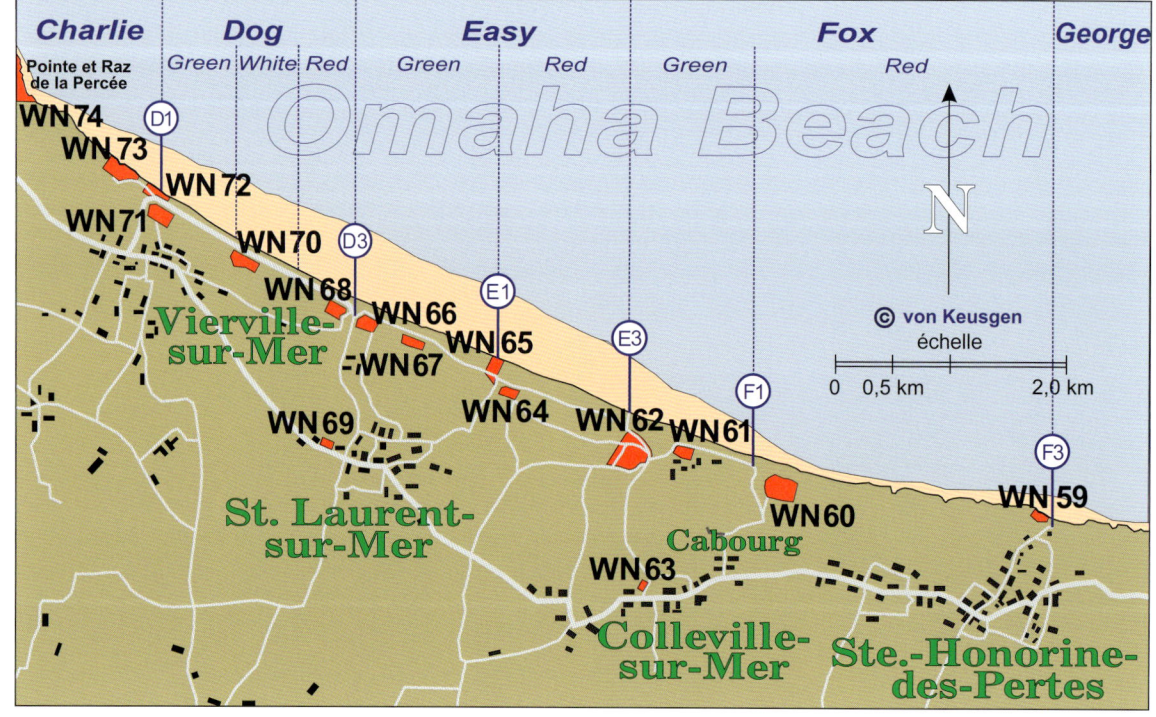

Dans sa position de campagne, le caporal Heinrich Severloh dispose du seul MG42 au sein du WN 62. À cause de sa position particulièrement favorable, à trente mètres au-dessus de la plage, de son arme précise et à la cadence de tir très rapide, de l'alimentation automatique en munitions ainsi que de son incroyable résistance, Severloh a pris une part importante dans le désastre américain devant le WN 62.

Caractéristiques techniques de l'arme :
Dénomination officielle : 7,92 mm Maschinengewehr 42 (d'après son année de fabrication, 1942).
Balles de 7,92 mm.
Alimentation par tambour de 50 coups ou bande métallique de 250 coups.
Longueur du canon : 53 cm.
Longueur totale : 123 cm.
Poids : 10,6 kg.
Vo : 820 m/sec.
Cadence de tir : 1 500 coups/min.
Fabricant : Manserwerke, Obemdorf et Berlin ; Gross Fuss, Döbeln ; Maget, Berlin, Steyr-Daimler-Puch, Steyr ; GustloffWerke, Suhl (généralement considéré comme le meilleur fusil-mitrailleur de tous les temps).

de débarquement en secteurs. Ainsi, d'ouest en est, « Omaha Beach » avait été partagé entre les secteurs « Dog », « Easy » et « Fox » qui, à leur tour, étaient divisés en sous-secteurs : « Dog Green », « Dog White », « Dog Red », « Easy Red » *(ces secteurs sont également flanqués des secteurs « Charlie » et « George », bordés de falaises où il n'y avait pas de plage pour débarquer).* Les sous-secteurs décrits par une couleur ne mesuraient que quelques centaines de mètres de large. La limite entre les secteurs « Easy » et « Fox » se trouve juste devant le WN 62. Ainsi, beaucoup de péniches de débarquement furent-elles entraînées directement devant la mitrailleuse de Hein Severloh, à cause du fort courant…

Après avoir tiré le premier millier de coups, le caporal Severloh change le canon brûlant de son MG contre un autre. Mais, dans le stress du mitraillage, il a renoncé à enfiler son gant de protection et il se brûle la main sur le canon. Il faut dire que jusqu'à présent il n'avait pas eu beaucoup l'occasion de s'entraîner au tir avec son MG. Mais il raconte *« je pouvais toutefois me débrouiller avec cette arme et j'étais malgré tout un bon tireur »*.

Cependant, sa position de campagne a été entre-temps en partie nivelée, car les obus tombés à proximité ont projeté de grandes masses de débris calcaire dans la cavité qui s'est ainsi progressivement remplie. Mais Severloh continue de tirer. Avec la marée montant lentement, les GI débarquent maintenant à quatre cents mètres – une bonne distance pour un MG42.

Depuis la protection du talus situé en haut de la page, quelques GI tirent au fusil et au mortier sur le versant du point d'appui. Severloh tire au fusil, plus précis, sur les têtes, avec leurs gros casques ronds, quand elles apparaissent lentement au-dessus du talus. Il touche plusieurs fois les rails de la voie étroite, en haut de la plage, déclenchant des étincelles sous les impacts de ses balles.

Hein Severloh remarque que, pour la quatrième fois, le lieutenant Bernhard Frerking envoie l'un des téléphonistes réparer à nouveau le fil de téléphone coupé par les impacts des obus. Le caporal remarque ensuite que, légèrement sur la gauche du point d'appui, un fanion rouge très voyant a été installé au bout d'un mât métallique d'environ deux mètres de haut :

« Il s'agissait de toute évidence d'un point de repère installé par un GI afin d'orienter les péniches de débarquement, et qui attirait aussi mon attention… »

Les sapeurs du Génie de la première vague d'assaut devaient installer des fanions aux couleurs des sous-secteurs – verts, blancs et rouges –, afin d'orienter les péniches de débarquement des vagues suivantes.

Dans les casemates, les artilleurs ont une rude tâche à accomplir. En effet, malgré les tirs incessants venant de la mer, ils doivent tirer obus sur obus en direction des petites péniches de débarquement qui arrivent de plus en plus près à cause de la marée montante. Les deux casemates du WN 62 sont prises depuis le début sous le feu continuel des destroyers américains qui croisent maintenant plus près de la côte. Les obus explosent régulièrement sur le mur extérieur des bunkers et résonnent à l'intérieur comme des coups de marteau aux oreilles des artilleurs. C'est alors que l'un des quatre cuirassés croisant au large, d'«Omaha» ouvre le feu sur les deux canons de 7,65 cm devenus trop dangereux pour les péniches de débarquement et les destroyers. Les casemates sont touchées à plusieurs reprises sans subir de réels dommages. Mais, soudain, le canon de la casemate inférieure reçoit un coup au but. L'explosion résonne dans le grand bunker et le canon est totalement détruit. Des éclats d'acier traversent la chambre de tir et forment des impacts sur les murs. Les servants de la pièce disparaissent au milieu de la fumée et de la poussière. Bruno Plota a la chance de se trouver à ce moment-là dans la soute à munitions située derrière la chambre de tir car il y était allé chercher un obus. Sur le moment, il reste en état de choc.

Épaves sur la plage.

Presque en même temps, vers 10h15, les deux canons de 7,65 cm furent détruits par un tir de l'artillerie de Marine.
La pièce de la casemate supérieure (ci-contre) fut touchée deux fois et son bouclier traversé (la photo a été prise quelques jours plus tard, lorsque l'épave de la pièce fut sortie de la casemate.) La pièce de la casemate inférieure fut détruite par un seul coup au but.

Hans Selbach sort pour fuir la poussière et les décombres, mais se trouve aussitôt en grand danger car il sait que les tranchées n'ont pas encore été creusées dans la partie inférieure du point d'appui où il se trouve maintenant. Malgré cela, il court sur une distance de 44 mètres jusqu'à la terrasse où se trouve la casemate supérieure. Il est alors atteint par une balle de fusil. Le projectile lui traverse le mollet gauche, mais sans toucher l'os. Malgré la douleur lancinante, Selbach court jusqu'à la tranchée salvatrice menant en haut du point d'appui. «*Car il était devenu trop dangereux de courir plus bas*», se souvient-il.

Derrière le plateau dominant la mer, le terrain redescend progressivement, mais les prairies, encore vertes et grasses la veille, ont été transformées en un gris paysage de cratères. La clôture située à l'arrière du point d'appui et tout ce secteur de l'entrée supérieure ont été systématiquement broyés.

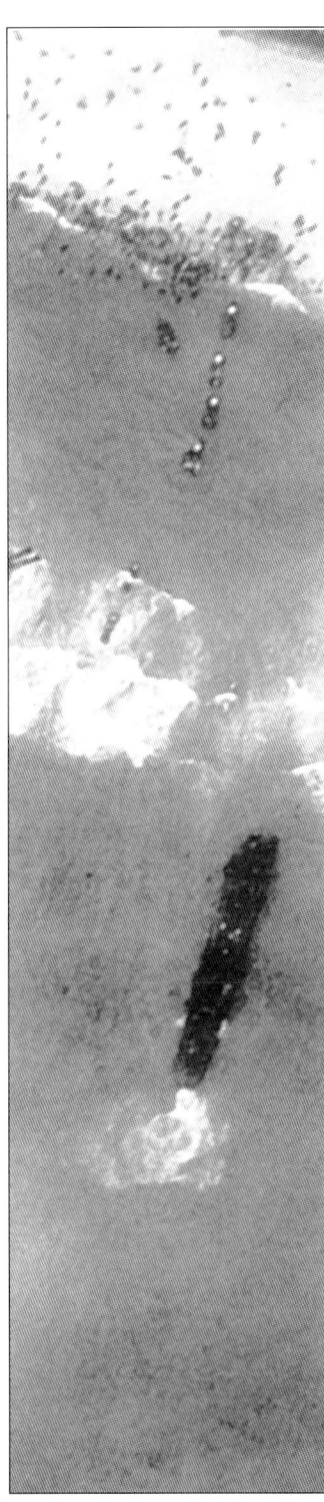

Vue aérienne du débarquement vers 10h30.

Lorsque Hans Selbach atteint le plateau du WN 62, il réalise qu'il n'y a plus pour lui aucun risque à traverser le terrain auparavant miné en direction de Colleville.

Un moment plus tard, Bruno Plota arrive tout excité au bunker de Lützen et, à bout de souffle, il raconte qu'un obus de gros calibre a explosé dans la casemate inférieure et que Heinrich Krieftewirth s'est effondré après l'explosion. Il a alors cassé et récupéré la plaque individuelle de son camarade pâle comme un mort, suivant les consignes reçues. Mais, à ce moment-là, Krieftewirth a ouvert à nouveau les yeux. Plota a alors constaté que celui-ci n'avait pas été touché par un éclat, mais qu'il avait été traumatisé par le souffle de l'explosion qui l'avait rendu sourd.

Et, dès que Plota termine son récit des événements qui se sont déroulés dans la casemate inférieure, il disparaît dans le fracas de la bataille devant Lützen, comme il était arrivé.

Une demi-heure après avoir quitté le point d'appui, Hans Selbach atteint Colleville et le poste de commandement de la compagnie. Il avait laissé son argent *(comme beaucoup de ses camarades qui quitteront le point d'appui)*, ses objets de valeur et ses effets personnels dans l'abri pour la troupe. Il y a déjà de nombreux blessés au WN 63, et il en arrive continuellement, et des infirmiers administrent les premiers soins. La blessure de Selbach est soigneusement bandée par un infirmier, puis on le fait monter, avec d'autres blessés, dans une ambulance qui doit les amener à l'hôpital principal de Bayeux.

La marée montante submerge maintenant sur la plage les cadavres, le matériel et les épaves. Entre-temps, de longs troncs d'arbres qui avaient fait partie des obstacles de plage, et qui ont été arrachés par les obus, avancent lentement. Le second barrage d'artillerie a méthodiquement retourné la plage et a en partie détruit les obstacles. Avec la marée montant régulièrement, le risque devient plus grand pour les vagues de péniches de débarquement qui ne cessent d'arriver. Les restes des obstacles épargnés par les impacts des obus sont lentement submergés par la marée et deviennent ainsi invisibles aux chefs de bord des péniches. Cependant, chaque vague d'assaut qui arrive maintenant a moins de distance à parcourir pour arriver jusqu'en haut de la plage…

Vers 11 heures, l'un derrière l'autre, deux des petits LCA sont drossés devant le WN 62 sur des rampes en bois et sont disloqués par les mines fixées en haut de ces obstacles. Après les explosions, on ne voit plus que des morceaux des péniches, des cadavres et des débris humains.

Entre-temps, la marée est à son maximum et l'eau arrive jusqu'au pied du talus abrupt, en haut de la plage. Les GI épuisés, et qui sont pour certains depuis plusieurs heures dans l'eau froide et ensanglantée, atteignent enfin la très étroite bande de terrain sur laquelle se trouvent les quelques survivants des premières vagues. Presque tous sont blessés et sont accroupis sur les cailloux, au pied du talus plat qui leur procure un peu de protection. Ils sont là, entre des centaines de cadavres, des bras et des jambes arrachés, des morceaux d'uniformes, des fragments d'épaves, des caisses vides, des bidons, des pièces d'équipement déchiquetés, sur une petite bande de boue sanglante de quelques mètres de large.

Sur la ceinture de galets devant le WN 62, les corps des GI tués furent recouverts de toile pour éviter de démoraliser les soldats des vagues suivantes.

Ci-dessus. La ceinture de galets devant l'ancien point d'appui aujourd'hui.

Comme ses camarades, Franz Gockel n'a pas mangé ni bu depuis dix-huit heures. Voulant aller chercher un peu de nourriture dans l'abri pour la troupe, il contourne le point d'appui par l'est, plié en deux, et grimpe le versant raide depuis le côté tourné vers la vallée. Gockel rencontre Helmut Kieserling et Paul Häming dans la tranchée précédant l'abri pour la troupe. Ils viennent juste d'abandonner leurs positions et ils sont en train de se replier en utilisant la tranchée principale. Le caporal Häming a également amené avec lui l'un des deux MG de la mitrailleuse jumelée de la position antiaérienne. Kieserling a quant à lui encore son fusil. Tous observent maintenant les sombres colonnes qui sont en train d'escalader les hauteurs, depuis la vallée, au-dessus du WN 61 et jusqu'au WN 60.

Après avoir pris rapidement son livret militaire et un rosaire dans sa veste d'uniforme *(il porte encore son treillis de travail)*, Franz Gockel attrape sa plaque individuelle dans son lit ainsi qu'une petite médaille de Lourdes qui doit le protéger du malheur. Il boit ensuite en toute hâte et l'estomac vide son lait froid et engloutit tout aussi hâtivement quelques morceaux de pain et de saucisse. Son estomac et son intestin réagissent violemment. Gockel bondit de la tranchée, court jusqu'au proche versant oriental du point d'appui et baisse son pantalon – trop tard…

Le caporal Gockel, promu cinq jours plus tôt parmi les quatre hommes du secteur de la pièce antichar, enfile un nouveau pantalon et veut maintenant rejoindre ses camarades dans l'abri pour la troupe. Il rampe avec prudence jusqu'à la limite du point d'appui, mais lorsqu'il avance la main sur la partie la plus élevée de la pente et qu'il lève la tête, un projectile lui arrache trois doigts de la main gauche et il se laisse glisser en arrière. L'un des artilleurs de la pièce antichar bande sommairement la main du jeune soldat. Et lorsque Franz Gockel se hâte sur la route étroite menant au WN 63, le fusil sous le bras et redoutant de perdre ses doigts arrachés, il essuie déjà des coups de feu provenant de Colleville…

Vue de l'intérieur d'un LCVP en bois. Cette péniche peut transporter une charge totale de 18 tonnes ou 36 soldats. Vitesse maximale : 9 nœuds.

La tranchée principale, aplanie le 7 juin 1944 et rendue à nouveau visible par l'érosion. Elle menait, en montant, jusqu'au LSG-Bunker (à l'arrière-plan, à droite).

La fosse qui avait été creusée pour ériger un nouveau poste de garde, à proximité du bunker d'observation (entrée à l'arrière-plan).

Jusqu'à 11 heures, Michel Schnichels n'est pas encore revenu sur la partie supérieure du point d'appui après sa mission de reconnaissance. Après le premier barrage d'artillerie, il a pris son fusil et est parti ; cinq heures se sont écoulées depuis ce moment. Lützen, dont la mission consiste à rester en contact direct avec le poste de commandement de la compagnie, est à nouveau appelé par la radio optique par le *Leutnant* Bauch qui veut enfin avoir un rapport sur la situation. Mais comme Schnichels n'est pas revenu, Peter Lützen pense que son camarade a déjà été tué. Bauch envoie donc le caporal-chef Lützen descendre le versant pour se faire une idée générale de la situation sur le WN 62.

Entre-temps, les Américains ont avancé lentement sur le plateau occidental jusqu'au WN 62a tout proche, en direction du WN 62. Peter Lützen n'emprunte donc pas la tranchée principale, déjà interrompue par de nombreux impacts d'obus et qui n'est plus assez profonde, mais préfère prendre sur la droite de l'abri pour la troupe et du bunker des transmissions. En effet, comme le versant oriental s'abaisse doucement vers la vallée, il offre une meilleure protection face aux GI que le versant occidental. Son pistolet-mitrailleur sous le bras, il se glisse avec prudence jusqu'au premier trou d'obus, puis jusqu'au suivant. Ensuite, le terrain est dégagé. À proximité de la fosse, une grande masse de barbelés avait été rassemblée en prévision de l'édification d'une nouvelle clôture, le point d'appui devant être agrandi. Ces barbelés ont été dispersés et forment une butte plate et impénétrable. À ce moment-là, malgré le fracas des combats qui font rage et le grondement sourd des péniches de débarquement, Lützen entend un sifflement strident. Une fusée de bazooka explose de l'autre côté du dépôt de barbelés. Elle a été tirée depuis la ceinture de galets, en dessous du WN 62. Les éclats chauds et tranchants partent en tous sens et Peter Lützen sent une vive douleur dans le haut de son bras droit causée par un petit morceau d'acier. Un autre éclat lui laboure en même temps la main gauche depuis la pointe des doigts. Sa main saignant abondamment, le caporal-chef rampe aussitôt pour rejoindre le LSG-Bunker. Là, il annonce au *Leutnant* Bauch qui se trouve au poste de commandement de la compagnie, qu'il a été blessé. Bauch l'interroge sur la gravité de sa blessure et lui demande s'il peut rester sur le point d'appui. Le caporal-chef lui déclare qu'il est prêt, et il bande alors sommairement sa main blessée.

En haut de la plage, devant le WN 62, la situation des Américains reste dramatique. Les quelques GI qui ont échappé aux obus et aux tirs du MG de Severloh sont encore allongés sur la ceinture de galets, derrière le petit talus qui sépare la grève du haut de la plage, dans une boue sanglante, au milieu de leurs camarades morts, et avec des sentiments où se mêlent haine et désespoir. Les pertes des Américains devant le WN 62 sont catastrophiques. On avait toujours expliqué aux tireurs MG allemands qu'ils devaient attendre le moment où les rampes des péniches de débarquement s'abaisseraient, et où les GI seraient encore serrés les uns contre les autres, pour ouvrir le feu. Hein Severloh suit ce principe depuis déjà six heures et il raconte : « *Celui qui pouvait échapper au tir de mon MG, je le prenais sous le tir ajusté de mon fusil. Presque personne ne pouvait y échapper…* »

Vers 12 heures, le lieutenant Frerking donne l'ordre à sa batterie de tirer un feu de salve contre la vague de péniches suivante qui est en train d'arriver. Mais l'officier en charge de la batterie à Houtteville lui répond :

« *À cause du manque de munitions, mon lieutenant, je ne peux tirer que pièce par pièce…* »

Le colonel Ocker, le *Kommandeur* de l'*Artillerie-Regiment 352*, avait pourtant promis personnellement, peu avant, un camion plein de munitions. Mais alors que ce dernier ne se trouvait plus qu'à un kilomètre de la position de tir près de Houtteville, il a été attaqué par un chasseur-bombardier américain et il a explosé avec tout son chargement.

Les navires de guerre à faible tirant d'eau se rapprochent toujours plus, jusqu'à moins de trois kilomètres de la côte, pour pouvoir mieux tirer sur certaines petites positions, et ils se trouvent alors exposés au feu des pièces allemandes.

Hein Severloh tire depuis sa position élevée à une distance de moins de 200 mètres mais il a maintenant presque épuisé ses munitions pour MG. Un *Feldwebel* qu'il n'avait encore jamais vu *(celui-ci n'appartenait pas aux WN 60, WN 61, WN 62 et WN 63)* apparaît. Il se distingue par ses cheveux noirs, sa silhouette mince et surtout par son uniforme de sortie, avec ses pattes de col étincelantes, au lieu de l'uniforme de campagne. Mais la moitié de cet uniforme est maculée de sang car il est blessé au cou et le sang coule en abondance. Severloh remarque clairement l'attitude agressive de ce *Feldwebel*, qui se transmet aussi au caporal. Au moment où il apparaît dans la position de Severloh, ce dernier est en train de débloquer la culasse de son fusil avec sa botte car il n'a pas réussi à recharger son arme à la main. Le *Feldwebel* lui dit :

« *Ne te casse pas la tête, jeunot. Ton fusil est bien trop chaud !* »

Peu après, le *Feldwebel* amène un autre fusil qu'il est allé chercher dans le bunker de transmission du poste d'observation. Severloh peut ainsi tirer à nouveau vers la plage. Les Américains, désespérés, qui se trouvent derrière le talus plat, devant le WN 62, parlent déjà de « *la maudite bête qui est là-haut* ».

Entre-temps, la situation des GI qui se trouvent en haut de la plage tourne à la catastrophe. Les soldats des vagues d'assaut suivantes qui sautent de leurs péniches de débarquement, glissent dans une boue sanglante, grasse et épaisse, rouge sombre et montant jusqu'aux chevilles. Ils perdent leurs armes ou se blessent. Beaucoup de chefs de bord qui observent cet épouvantable désastre, n'abaissent pas leurs rampes mais dévient leurs lourdes péniches à fond plat afin de trouver d'autres endroits

La plus grosse des six soutes à munitions du WN 62. Elle se trouve dans la partie inférieure du point d'appui. Sa surface intérieure mesure 2 m sur 1,80 m. Les murs ont 20 cm d'épaisseur et le plafond, 26 cm. L'entrée fait 85 cm de large.

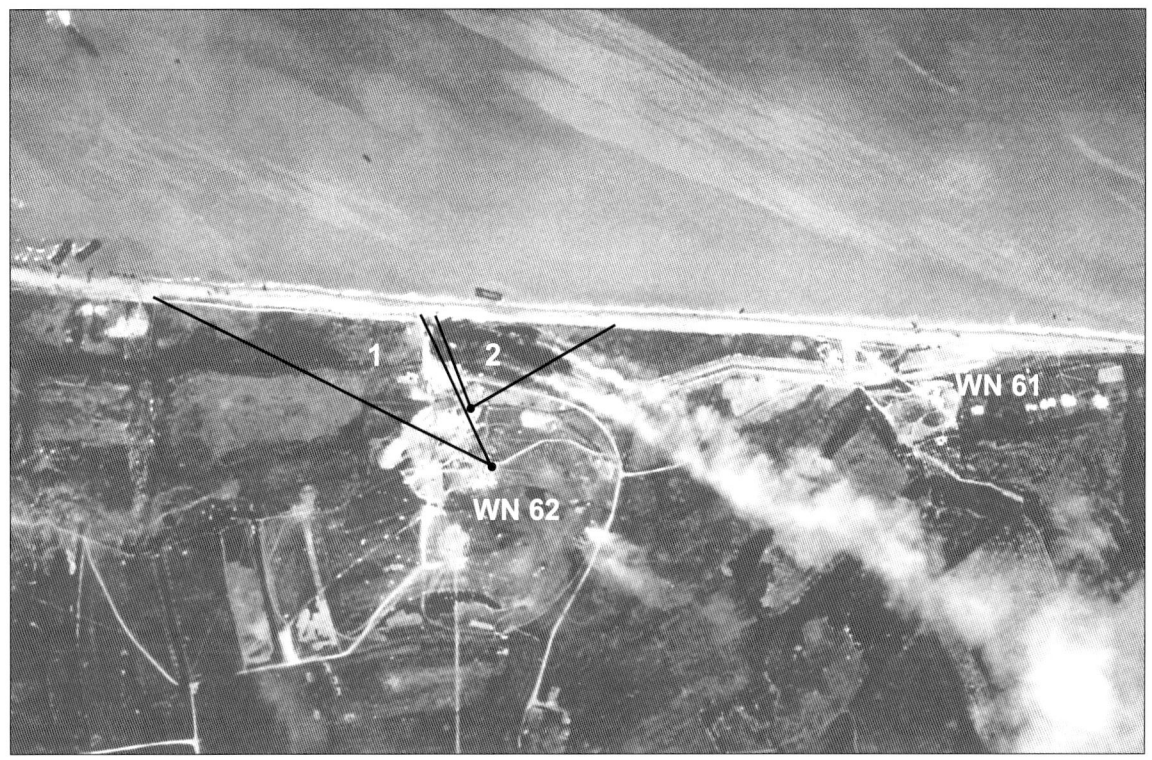

Photo aérienne des WN 61 et WN 62, le 6 juin 1944 vers midi. On remarque particulièrement la coloration de l'eau de mer, dans le secteur de la plage, due au sang des blessés graves brassé par l'eau de mer. Au bord de la ceinture de galets, entre la plage et le haut de la plage, se trouvent des épaves sombres, du matériel de guerre et les corps des soldats. Le fossé antichar (qui est encore tout récent et pas camouflé), entre le WN 61 et le WN 62, n'est pas encore traversé par les Américains. Les panaches de fumée clairs sont dus à des buissons de genêts en train de brûler. On remarque aussi très nettement le WN 62a utilisé comme lieu de stockage (rectangle à gauche, près du WN 62).

pour débarquer leurs hommes. Ils tombent alors sous les coups de l'artillerie allemande. Les débris des deux péniches à moitié détruites pendent entre les pieux de bois et flottent dans les vagues teintées de rouge.

À midi, Hein Severloh a déjà épuisé sa dotation de 4 500 coups, consommés par son MG et son fusil. Mais, malgré sa blessure, le *Feldwebel* se rend plusieurs fois jusqu'aux soutes à munitions situées dans la partie inférieure du point d'appui pour remonter 8 000 cartouches. Dans les dernières caisses qu'il traîne jusqu'à la position de Severloh se trouvent également des bandes de cartouches spéciales destinées au combat de nuit où un projectile sur cinq est à balle traçante. Cependant, Hein Severloh charge sa mitrailleuse et recommence à tirer…

À ce moment-là, une nouvelle vague de péniches de débarquement s'approche du WN 62. Les GI accroupis dans les LCVP sont déjà épuisés après les nombreuses heures passées d'abord dans les transports de troupe, puis sur les péniches, et ils ont le mal de mer. Ces jeunes hommes appartiennent à la *29th Infantry Division* et leurs embarcations se sont déjà éloignées de leurs objectifs. Ils aperçoivent de loin la petite flamme sortant du canon du MG de Severloh, à mi-hauteur de la pente raide, et les dégâts que ce tireur a déjà causés dans les rangs de leurs camarades de plage. Le LCVP est déjà arrivé à proximité du haut de la

Des GI attendent, plein d'appréhension, le moment inéluctable où la rampe de leur LCVP va s'abaisser. La péniche est déjà très proche de l'entrée de la vallée devant Colleville (on remarque la hauteur boisée, à gauche).

plage en raison de la marée montante mais il s'est enlisé sur un haut banc de sable. La rampe s'abat là, devant l'un des canaux parallèles à la plage, à un endroit où l'eau est profonde de deux mètres environ. Le soldat David Silva, qui se trouve à l'arrière du LCVP, voit alors ses camarades touchés par des tirs alors qu'ils sont encore sur la rampe et qu'ils doivent sauter dans l'eau profonde. Lorsque Silva saute à son tour, les projectiles du MG de Severloh déchirent son uniforme, son paquetage d'assaut et sa gamelle. David Silva décrit ainsi la situation.

« *Je suis comme un pigeon d'argile au stand de tir…* »

Et, alors que les projectiles l'atteignent, il prie Dieu, lui demandant de le protéger en lui promettant de devenir prêtre s'il échappe au massacre…

Fidèle à son serment, David Silva est devenu aumônier dans l'armée américaine après la guerre. Cette photo montre Silva dans l'exercice de ses fonctions à Karlsruhe, en 1963.

Repli

Lorsque Peter Lützen sort à nouveau de son LSG-Bunker, vers midi, il ne peut en croire ses yeux. Un soldat américain se dirige vers lui par la tranchée venant de l'abri pour la troupe, à six mètres de là, au milieu d'un nuage de poussière et de fumée provoqué par la grêle des balles et des obus qui s'abattent. Lorsque le GI voit Lützen, il lève aussitôt les bras car il est sans armes. Comme le caporal-chef ne parle pas anglais et que l'Américain ne comprend pas un mot d'allemand, Lützen fait alors un signe avec son pistolet-mitrailleur pour que le *Master Sergeant* se tourne afin qu'il puisse vérifier qu'il ne cache pas son arme. Par la suite, Peter Lützen pensera :

« *De toute évidence, ce GI de la 1st US Infantry Division avait décidé d'en finir avec la guerre de cette façon.* »

À ce moment-là, surgissent également Bruno Plota et Heinrich Krieftewirth, sans son dentier. Ils arrivent par la tranchée de 95 cm de large située entre le Tobrouk double et le LSG-Bunker. Dans l'affolement, tous deux ont oublié leur fusil dans la poussière de la casemate. Krieftewirth est très pâle et, de toute évidence, il est encore sourd. Il ne dit pas un mot et semble choqué. Lützen a mal à son bras et à sa main mais

L'ancienne tranchée reliant le LSG-Bunker à l'abri pour la troupe (voir page suivante, en haut).

La tranchée de liaison (comblée le 7 juin 1944) longue de six mètres, entre l'abri pour la troupe (à gauche) et le LSG-Bunker sur le Tobrouk double (voir pages 55 et 56).

Les positions individuelles dans lesquelles les fantassins pouvaient mettre leurs fusils en position. Mesurant un mètre par deux, elles ne seront pas utilisées le 6 juin.

Affiche de propagande destinée à relever le moral des soldats allemands.

peut enfin se resaisir et se faire panser. Peu après, il appelle le poste de commandement de la compagnie pour informer le *Leutnant* Bauch qu'il est maintenant contraint de se replier sur le WN 63 avec Krieftewirth traumatisé, ainsi qu'un prisonnier. Bauch est d'accord et Peter Lützen confie le LSG à Bruno Plota qui connaît parfaitement et depuis longtemps son fonctionnement.

Vers 13h30, ils se séparent dans le fracas des combats et le caporal-chef dit encore à Bruno Plota qu'il doit maintenant obtenir à tout prix des renforts pour le point d'appui auprès du poste de commandement. Puis, accompagné de son prisonnier américain et du silencieux et livide Krieftewirth, tous trois quittent le point d'appui et se rendent vers l'intérieur des terres. Ils font route tout d'abord vers Saint-Laurent pour s'écarter de la vallée et des combats, mais au bout de quelques pas seulement, un violent tir de mitrailleuse les prend pour cibles. Ils sont furieux car ils ne peuvent savoir s'il s'agit d'Allemands ou de troupes ennemies. Prudemment, ils cherchent à s'abriter dans un fossé étroit creusé par des décennies de pluies, qui longe le chemin et mène du plateau côtier au WN 62. Ils se dépêchent de prendre alors la direction opposée et, peu après, ils atteignent le versant donnant sur la vallée de Colleville.

Lützen et Krieftewirth sont étonnés de ce qu'ils aperçoivent sur le front de mer, devant l'entrée de la vallée : sur presque toute la largeur, entre le WN 62 et le WN 61 situé en face, grouillent déjà des centaines d'Américains parmi lesquels se trouvent également de gros véhicules. Par gestes, le prisonnier américain fait comprendre à Lützen qu'il veut aller là-bas. Le caporal-chef hoche la tête. Il est clair pour Peter Lützen que la guerre serait terminée pour lui s'il se rendait aux Américains. Mais il se souvient également de ce qu'a dit le chef du point d'appui, le *Leutnant* Claus, à l'issue d'un de ses harangues devant la compagnie : les troupes de choc anglaises et américaines ne feront pas de prisonniers et exécuteront sur-le-champ tous les prisonniers allemands. Comme Lützen ne veut à aucun prix être fait prisonnier, il fait aussitôt demi-tour et dirige le canon de son pistolet-mitrailleur sur le *Master-Sergeant* : « *Los, komm mit...* »

Ils avancent maintenant sur un terrain dégagé vers l'intérieur, parcourent une centaine de mètres en direction du sud-est, descendent le versant et arrivent devant un terrain balisé par des panneaux mettant en garde contre les mines. Ce terrain a été peu touché par les bombes et les obus, mais ils osent quand même le traverser en ligne droite. Peter Lützen dira plus tard au sujet de cette action insensée.

« *À ce moment-là, tout m'était égal. Je ne voulais seulement pas être prisonnier. En outre, il y avait souvent des pancartes de mise en garde sans véritable champ de mines. C'est pourquoi j'ai pris le risque...* »

Peu après le départ de Peter Lützen et des deux autres hommes, la responsabilité du LSG et du maintien des communications avec le poste de commandement a été confiée à Bruno Plota. Ce dernier demande aussitôt des renforts pour le point d'appui car il s'est rendu compte depuis longtemps qu'entre-temps plusieurs de ses camarades, blessés, se sont repliés sur le WN 63. Même l'infirmier Bruno Wittber, âgé de 33 ans, n'est pas revenu. Il avait amené, au poste de commandement de la compagnie, Heinrich Brinkmeier qui avait été blessé par un éclat d'obus dans sa casemate supérieure.

Panneau d'avertissement contre les mines. Cependant, ce type d'inscription n'avait pas toujours été effectivement placé aux endroits appropriés...

Plota raconte : « *Quelque temps après avoir réclamé des renforts, je vois surgir de l'ouest douze silhouettes et je siffle fort avec mes doigts pour qu'ils puissent me remarquer au milieu du fracas, puis je remue les bras pour qu'ils me rejoignent. Mais ils me tirent dessus...* »

Les premiers fantassins américains ont commencé à prendre le plateau à l'ouest du WN 62 à partir de 8 heures et surtout à partir de 10 heures, ils couvrent maintenant le point d'appui de tirs de fusil bien ajustés.

Soudain, le caporal-chef Kuska et le soldat Heckmann, blessé, arrivent dans la tranchée située devant le LSG-Bunker. Kuska dit :

« *Il est insensé de continuer à résister. Maintenant, on décroche et on essaie de rallier le poste de commandement de la compagnie...* »

La casemate supérieure (Brinkmeier) du WN 62 fut touchée le 6 juin 1944 par un total de 27 obus de différents calibres tirés depuis la mer. La chambre de tir fut à elle seule très endommagée par neuf impacts. La casemate inférieure reçut 18 obus à l'extérieur et 7 obus à l'intérieur, dont un qui l'a traversé.

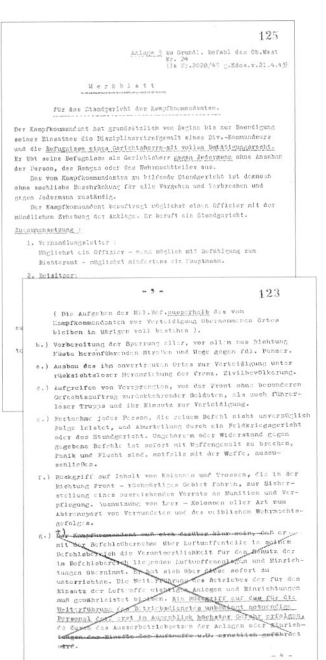

Extrait de la « feuille de remarques pour la conduite des commandants de combat (annexe à l'ordre fondamental du commandant en chef à l'Ouest »).

« Se saisir de toute personne qui n'exécuterait pas son ordre (l'ordre du commandant de combat) et le faire juger par un tribunal de campagne ou un tribunal fixe. Toute désobéissance ou résistance contre les ordres donnés sont à réduire aussitôt par la force des armes. La panique ou la fuite doivent être brisées par les armes. »

Pliés en deux, les deux soldats courent sur le plateau en direction de l'arrière. Conscient de sa responsabilité, Bruno Plota démonte rapidement la radio optique puis il court derrière eux et les rejoint trois cents mètres plus loin. À l'endroit où ils se retrouvent, un jeune soldat allemand inconnu gît en gémissant sur le terrain labouré par les obus. Il est grièvement blessé au ventre. De nouveau, des projectiles sifflent autour d'eux. Son lourd appareil sous le bras, Plota se sent inutile, et même Kuska et Heckmann, blessé, ne savent que faire. Le soldat sort un pistolet pour se suicider. Plota préfère quant à lui décrocher seul, part de là en courant et glisse vers la vallée, avec la radio optique sous le bras, par le versant situé au sud-est du WN 62. De loin, il entend la détonation du pistolet…

À peine a-t-il atteint la route étroite qui remonte la vallée vers Colleville qu'il subit des tirs intenses, y compris de fusées éclairantes, qui passent à côté de lui en chuintant. Sans réfléchir, le caporal-chef jette la radio optique dans un grand roncier qui se trouve de l'autre côté de la route et, avec beaucoup de présence d'esprit, il se laisse tomber par terre et fait le mort. Les tirs cessent aussitôt.

Vers 14 heures, à marée descendante, la vague suivante ne débarque plus dans le chaos au pied du WN 62, mais arrive plus à l'ouest. Devant ce secteur de plage où se trouvent de très nombreux fantassins américains, il n'y a pas de talus mais une dune de sable haute de quatre mètres qui procure une meilleure protection aux GI. Dès 8 heures, quelques soldats américains isolés ont même réussi à escalader le plateau de 55 mètres de haut situé derrière cette dune, ainsi qu'à pénétrer jusqu'au WN 62a utilisé comme dépôt de matériel et qui, dépourvu de moyens de défense, ne présente aucun danger pour eux. Progressivement, toujours plus de GI ont progressé sur ce versant car les tirs allemands étaient très faibles dans ce secteur. En outre, le plus proche point d'appui installé sur ce plateau *(où sera ultérieurement implanté le cimetière américain. N.D.T.)* est le WN 64, situé à 1 250 m de là et tourné vers l'ouest.

Depuis quelque temps déjà, Hein Severloh avait remarqué ces mouvements de troupes des Américains et s'était aperçu qu'il était maintenant le dernier tireur MG sur le WN 62. Mais le caporal continue de tirer sans se soucier de cela et à côté de lui, dans la tranchée, s'accumulent les caissettes de munitions vides.

Lorsque le *Feldwebel* inconnu arrive pour la dernière fois avec de nouvelles munitions, il remarque que, dans le prolongement de la tranchée dans laquelle se trouve la position MG de Severloh, à seulement quelques mètres, se sont réfugiés deux soldats du point d'appui. À genoux dans cette tranchée à moitié comblée, les hommes chargent frénétiquement leurs fusils. Ils s'accotent au bord de la tranchée, tirent vers la mer, puis rechargent et tirent coup par coup de cette manière. Le *Feldwebel* les contrôle mais revient aussitôt vers Severloh et lui indique la plage dévastée et le concasseur de galets disloqué.

« *Là, en dessous, il y en a encore un qui court !* »

Severloh aperçoit un GI portant avec un lance-flammes et un réservoir accroché dans le dos, en train de courir vers le concasseur de galets démoli pour s'y abriter avant de lancer son jet de flammes. Le caporal se rend aussitôt compte du danger représenté par cet Américain qui peut, depuis son abri, envoyer un jet de flammes de plus de mille degrés en direction du point d'appui. Le *Feldwebel* tend à Severloh son fusil qui vient juste d'être chargé, mais le premier coup manque l'Américain. Celui-ci court plus loin et se trouve presque derrière les restes du concasseur lorsqu'il est atteint par le second tir de Severloh. Il se tient soudain en plein milieu, son casque touché par le projectile et arraché de sa tête. Il s'effondre sur les genoux, puis tombe le visage sur le sable ensanglanté de la plage. Lorsque Severloh regarde autour de lui, un moment plus tard, le *Feldwebel*, et les deux fantassins, sont partis vers l'arrière.

Soudain, il entend un claquement bien distinct et, juste après, de l'extrémité de sa mitrailleuse, il reçoit quelque chose de brûlant directement sous son œil droit. À cause de la douleur lancinante, il touche son visage et ses doigts sont aussitôt pleins de sang. Un tir de fusil américain bien ajusté depuis le haut de la plage a arraché une partie du guidon de la ligne de mire de son arme qui a été projetée sur son visage. Le caporal est furieux et il continue de tirer sur la plage.

Six chars Sherman arrivent maintenant de l'ouest sur la bande de plage redevenue plus large devant le WN 62. Hein Severloh les voit arriver alors qu'il est en train d'insérer la première bande de cartouches contenant les balles traçantes. Il est tout à fait conscient du risque important qu'il prend en signalant ainsi plus distinctement sa position aux Américains. Puis il se remet à tirer mais il ne peut plus tirer avec son fusil car, entre-temps, son œil droit a totalement enflé à cause de l'impact du morceau d'acier.

Peu après, un obus explose directement devant la position du MG de Severloh. Une haute gerbe de terre et de morceaux de calcaire s'élève devant lui et le souffle lui arrache le fusil-mitrailleur des mains alors qu'il est en train de tirer. L'arme est projetée au-dessus de lui et de la terre et des morceaux de calcaire tombent en pluie sur Severloh. Cependant, l'inébranlable fils de paysan originaire de la lande de Lüneburg, remet son arme de nouveau dans la position – qui ne ressemble plus du tout avec ce qu'elle était le matin même, puisque le trou n'a plus qu'un mètre de profondeur. Hein Severloh n'a pas remarqué qu'à cause de l'utilisation continuelle de l'arme, les rayures du canon ont été écrasées : les projectiles qui sortent maintenant du canon du MG n'ont plus de trajectoire précise et ils commencent à basculer pendant leur course, ce qui cause de terribles blessures…

Puis il continue de tirer car une nouvelle vague de péniches de débarquement se rapproche de la plage. Les rafales de Severloh sont de plus en plus courtes car il veut éviter de se faire repérer par les traînées lumineuses sortant de son canon. Il tire donc une courte rafale, puis va se mettre à l'abri un moment avant de tirer la rafale suivante. Cependant, quelques minutes plus tard, un nouvel obus explose juste devant son trou et, une nouvelle fois, le fusil-mitrailleur est projeté par-dessus sa tête. Après avoir de nouveau installé son arme sur le bord de sa petite position, il court jusqu'au bunker des transmissions, dans une attitude à la fois agressive et stressée. Il y trouve Beermann en compagnie des quatre caporaux. Le solide Severloh attrape par le col le sergent qui a

La lueur sortant du canon de l'arme de Heinrich Severloh (flèche) pouvait être vue à une grande distance. À proximité de sa position se dressent encore les hauts murs extérieurs de la grande villa située à l'entrée principale du WN 62 et qui a été détruite dans la matinée.

L'ancienne tranchée reliant le LSG-Bunker à l'abri pour la troupe.

seulement quelques années de plus que lui, le tire vers l'entrée et, irrespectueux, lui dit :

« *Dehors ! Viens avec moi ! Tu as toujours tiré, maintenant tu peux…* »

Cependant, Beermann, qui était assis en sécurité dans le bunker de transmissions, se défend vigoureusement :

« *Non, je ne peux pas partir d'ici…* »

Le solide caporal attrape alors le sergent par le fond de la culotte et le pousse violemment devant lui jusqu'à la position du MG. Là, il le domine :

« *Et, maintenant, tu tires. Tu l'as voulu. Maintenant, tu dois le faire. Mais fais attention : quand tu sors la tête, tu dois avoir les doigts sur la détente et savoir exactement où tu veux tirer. Tu ne dois ensuite appuyer que pour de courtes rafales et tu dois alors baisser la tête, sinon ils vont t'abattre…* »

Beermann se dresse violemment et, avant qu'il se soit complètement levé, un nouvel obus arrive directement devant la position et projette à nouveau le MG à quelques mètres au-dessus de la tête des deux soldats. Lorsqu'une nouvelle grêle de terre et de morceaux de calcaire tombe sur la position, Beermann part en courant, plié en deux, pour rejoindre la sécurité du bunker des transmissions.

Pendant les dix minutes suivantes, le fusil-mitrailleur de Severloh est encore par deux fois projeté par des tirs d'obus bien ajustés. Le caporal pense que l'un des chars se trouvant en dessous sur la plage a tiré sur lui mais, en fait, il s'agissait du destroyer USS *Frankford* qui avait repéré le sillage des balles traçantes, donc la position de Severloh, et ajustait ses tirs à une distance de trois kilomètres.

Vers 15 heures, il y a toujours plus de mouvements de troupes sur la plage et le haut de la grève. Depuis le début de l'après-midi, la marée descend et a déjà dégagé la moitié de la plage sur une largeur de deux cents mètres.

Ce qu'elle a laissé derrière son passage, est un épouvantable chaos…

Dans ce méli-mélo sanglant, beaucoup de GI, complètement épuisés et blessés se blottissent derrière le talus. En fait, seul moins d'un tiers des Américains ayant débarqué devant le WN 62 ont survécu. David Silva est quant à lui accroupi au milieu de ces hommes. Il remarque seulement à cet instant qu'il a été blessé par deux projectiles, il y a trois heures, un dans la jambe droite et un autre dans la jambe gauche.

Depuis longtemps, l'artillerie lourde de marine a suspendu ses tirs sur la côte car, entre-temps, se déroulent en permanence des débarquements de navires plus importants qui amènent ravitaillement et soldats, matériels et véhicules. Finalement, deux destroyers se rapprochent de la côte et ajustent leurs tirs sur les rares positions allemandes qui ouvrent encore le feu. Devant l'entrée de la vallée de Colleville, des contingents importants de troupes et de véhicules sont déjà à terre et le 1re classe Plota, toujours allongé sur la route sans bouger, peut voir un grand transport de troupes arriver à proximité de la côte, d'où descendent de nouvelles péniches de débarquement.

Après le départ du WN 62 de Bruno Plota avec la radio optique, le poste de commandement de la compagnie n'a plus la possibilité de communiquer avec le WN 61 voisin. Le caporal-chef Bernhard Lehmkuhl a également abandonné sa radio optique sur le WN 63 et quitte le bunker souterrain.

L'entrée de l'ancien bunker des transmissions.

Lorsqu'il franchit la porte pour sortir du poste de commandement, il regarde dans la vallée, jusqu'à la plage, et une scène inoubliable s'offre à lui :

« *Là, en bas, tout est noir de bateaux et de chars. Pas une place de libre, on ne peut tous les compter...* »

Peu après, le sergent Eberhardt arrive au bunker du WN 63 avec quelques soldats et dit à Lehmkuhl :

« *Vous devez descendre tout de suite pour contre-attaquer...* » Le caporal-chef trouve qu'une telle entreprise n'a aucun sens face à l'énorme supériorité adverse et il réplique :

« *Je suis ici au poste de commandement et je dois tout surveiller. Je ne dois pas quitter mon poste, sur ordre du lieutenant...* »

Sur ce, le sergent Eberhardt descend l'étroit chemin menant à la vallée, avec les soldats. Lorsqu'il s'est éloigné, Lehmkuhl court jusqu'à la ferme distante de cent cinquante mètres, dans Colleville.

Depuis longtemps, il est clair pour Hein Severloh que le poste d'observation devra être bientôt abandonné. Sa réserve de munitions pour le MG ne s'élève plus qu'à une bande de cent cartouches et un tambour de cinquante. Les balles traçantes ont rendu brûlante l'extrémité du canon de son fusil-mitrailleur qui met le feu à l'herbe. Depuis midi, à cause du manque de munitions, la batterie de Houtteville ne tire plus sur la plage. Il en est de même de la 2ᵉ batterie à Etreham et de la 3ᵉ batterie se trouvant à Mosles, dans l'arrière-pays. Depuis longtemps aussi, Hein Severloh n'a plus aperçu un seul soldat de la garnison du point d'appui. Mais il croit que le WN 62 est encore entouré, vers le haut, de barbelés et de champs de mines car, depuis sa position située vers le milieu de la pente raide, il ne voit pas le plateau derrière lui. Dès midi, il a également observé les longues colonnes de soldats américains grimpant les pentes, à environ quatre cents mètres à l'ouest. Depuis près de neuf heures, Severloh a tiré au total 12 500 coups avec sa mitrailleuse et son fusil. Il dira plus tard à ce sujet :

« *J'ai certainement descendu plus de deux mille hommes...* »

À ce moment-là, le petit bunker d'observation d'artillerie reçoit encore une fois plusieurs obus tirés depuis la mer. L'un d'eux touche la visière supérieure de l'étroite embrasure et des éclats de béton et d'acier volent en tous sens. Lorsque Severloh arrive au bunker pour savoir s'il est arrivé quelque chose à ses deux occupants, le sous-lieutenant Grass est en train de quitter l'endroit en clopinant, soutenu par le lieutenant Frerking.

« *Ils m'ont eu au genou* », explique Grass qui s'appuie le dos sur le bord de la tranchée. À travers une déchirure de son pantalon, on distingue un petit éclat d'obus logé dans sa rotule gauche. Frerking dit à Serverloh :

« *Maintenant, nous allons tous décrocher et abandonner nos postes ici, ça n'a plus de sens...* »

Hein Severloh court jusqu'au bunker des transmissions et il comprend alors seulement que le terrain situé au-dessus de sa position pour MG a été retourné pendant des heures par les obus et combien il a été parsemé de cratères. En peu de mots, il signale à Herbert Schulz, à Kurt Warnecke et aux deux radios ce que Frerking a décidé : ils doivent maintenant décrocher. Lorsque les cinq soldats arrivent à proximité du

L'embrasure du bunker d'observation entamée par des tirs d'obus de gros calibre.

L'ancienne tranchée qui va de la position de Heinrich Severloh (en bas de la photo) à l'entrée du bunker d'observation (à droite) puis au bunker des transmissions (en arrière, sur la gauche) et dans lequel les derniers soldats du WN 62 retrouvèrent le lieutenant Bernhard Frerking.

bunker, auprès de Frerking et de Grass, ils trouvent aussi le sergent Beermann. Seul le *Wachtmeister* Fack est manquant. Le lieutenant a placé la dernière bande de cartouches de MG autour de ses épaules tandis que Hein Severloh porte encore son fusil-mitrailleur.

Peter Lützen, Heinrich Krieftewirth et le fantassin américain atteignent vers 15 heures le poste de commandement de la compagnie situé devant Colleville. De tous côtés partent des coups de feu, toujours plus nombreux et plus proches. Face à ce WN 63, gisent plusieurs cadavres de soldats allemands, recouverts seulement d'une toile de tente d'où dépassent des bottes ou des brodequins lacés. Lützen est interloqué quand il voit son agent de liaison Schnichels debout devant le WN 63 :

« *Qu'est-ce que tu fais ici ? Je pensais que tu avais déjà été tué...* »

Michel Schnichels paraît nerveux et bégaie de manière embarrassée. Il parle d'une mauvaise compréhension car il avait pensé qu'il devait obtenir des renforts auprès du poste de commandement.

Lützen, qui veut enfin pouvoir se faire panser correctement sa main, confie son prisonnier à une sentinelle et entre avec Krieftewirth dans le bunker semi-souterrain du poste de commandement de la compagnie. Dans la première pièce du WN 63 se trouvent des lits de camp sur lesquels sont allongés ou assis quelques blessés qui sont soignés par un infirmier. Peter Lützen rencontre ici pour la première fois le nouveau commandant de compagnie, le *Leutnant* Bauch. Il remarque aussitôt que celui-ci porte l'insigne d'assaut de l'infanterie en argent.

Lorsque Peter Lützen s'allonge sur l'un des lits de camp pour recevoir les premiers soins à sa main, Franz Gockel est également allongé sur un autre. Plusieurs autres soldats de diverses unités sont également dans cette pièce quand, soudain, survient l'*Oberfeldwebel* Pie. Celui-ci, blessé à l'arrière de la hanche droite, s'assied à côté de Lützen et tutoie le caporal-chef. Lützen connaît cette façon de se comporter de l'*Oberfeldwebel* qu'il n'a jamais appréciée et il réplique :

« *Nous nous sommes toujours vouvoyés et je préfère continuer comme ça.* »

Après que l'infirmier a soigné les blessures de la plupart des blessés, deux soldats apparaissent soudain dans le poste de commandement et, tout excités, expliquent au *Leutnant* Bauch que quelques Américains ont réussi à se retrancher dans l'église de Colleville, située seulement à 190 mètres de là et se sont mis à tirer sur des soldats allemands depuis le clocher. Bauch envoie aussitôt trois fantassins avec eux jusqu'à l'église pour entreprendre quelque chose contre ces Américains et, si possible, prendre l'église d'assaut.

Peu de temps après, les trois soldats sont à nouveau dans le poste de commandement et ils annoncent qu'ils ne sont pas en mesure de tenter quelque chose contre l'église car, dès qu'ils approchent, on leur tire dessus ! Le commandant de compagnie se tourne vers Lützen, dont le bras droit et la main gauche sont déjà bandés :

« *C'est un truc pour vous, Lützen, il faut prendre l'église...* »

Peter Lützen hoche la tête et lève sa main gauche bandée :

« *Non, la guerre est finie pour moi – pour la première fois...*
– *Bon, il faut donc que j'y aille moi-même* », dit Bauch.

L'étroite Route de la Mer qui mène du WN 62 à Colleville-sur-Mer. À seulement soixante mètres de la localité, s'ouvre la porte du bunker souterrain du WN 63 avec ce qui était alors le nouveau poste de commandement de la compagnie (flèche). Le 6 juin 1944, ce poste de commandement était le point de ralliement des soldats allemands se repliant des WN 61 et WN 62 et dans lequel les premiers soins étaient donnés aux blessés. Les arbres situés sur le talus (à droite) n'étaient pas encore présents en 1944 car Il n'aurait alors pas été possible de communiquer avec le WN 62 par la radio optique (LSG) (Voir les pages 46 et 47).

Vers 16 heures, le *Leutnant* Bauch part en personne vers le cimetière de Colleville pour faire cesser les tirs contre les soldats allemands. Michel Schnichels doit y aller aussi. Quand les deux hommes arrivent sur place, Bauch veut tout d'abord se faire une idée de la situation. À ce moment-là, le caporal-chef Lehmkuhl arrive jusqu'au mur de pierres de la hauteur d'un homme qui entoure le cimetière et l'église. Alors qu'il est en train de prendre la direction de la ferme où se trouve le poste de commandement principal, il entend des coups de feu à proximité de l'église. Comme il veut se faire une idée de la situation du côté de cette dernière et comme il ne sait pas qu'on a tiré depuis le clocher, il arrive à l'entrée ménagée dans le vieux mur de clôture pour voir ce qui se passe. L'un des deux battants de porte en fer forgé est ouvert lorsque le *Leutnant* Bauch surgit devant lui :

« *Où voulez-vous aller, Lehmkuhl ?* »

Conformément à la vérité, le caporal-chef répond :

« *Je retournais au poste de commandement.* »

À ce moment-là, un coup de feu est à nouveau tiré depuis le clocher. Le projectile traverse le casque d'acier du sous-lieutenant par l'arrière et Bauch s'effondre devant Lehmkuhl.

Bernhard Lehmkuhl ajoutera :

« *Si le* Leutnant *ne s'était pas mis devant moi, c'est moi que la balle aurait atteint.* »

Pour en finir avec ces tirs provenant de l'église, trois soldats contournent le cimetière avec un Panzerfaust et s'approchent en se camouflant derrière les hauts murs. Leur projectile arrive en plein milieu de la chambre de la cloche, à la hauteur des deux fenêtres et l'explosion arrache une bonne partie du clocher qui s'effondre après un second tir. Peu après, l'église est prise d'assaut et on s'apercevra que ces tireurs n'étaient pas des Américains mais trois membres de la Résistance qui voulaient aider les GI dans leur combat contre les soldats allemands. Deux des Français furent tués par les deux explosions et la chute du clocher. Un autre, d'une trentaine d'années, fut fait prisonnier et amené au WN 63. Outre le *Leutnant* Bauch, un autre officier allemand avait été tué plus tôt ce jour-là lors des combats pour l'église, ainsi que quatre

Le sous-lieutenant Bauch a été tué à l'entrée orientale (photo de gauche) du cimetière entourant l'église. Une véritable tragédie s'est déroulée près du mur du cimetière le 6 juin 1944 car 16 soldats y trouvèrent la mort, soit davantage que sur les deux points d'appui de la vallée de Colleville.

Le caporal-chef Bernhard Lehmkuhl.

Ci-dessus. La rue principale aujourd'hui, avec l'église restaurée dans les années cinquante (voir page 16).

Photo de droite. L'église avec son clocher effondré près du café Violard. La maison voisine du café fut détruite par le bombardement du matin du 6 juin, comme beaucoup d'autres maisons de la localité (voir page 65).

Aujourd'hui, une petite plaque apposée près de l'entrée du cimetière rappelle le souvenir du résistant Bernard Anquetil, originaire de Colleville, âgé de 24 ans, et qui fut fusillé par des soldats allemands le 24 octobre 1941.

sous-officiers et dix soldats. Parmi eux, des soldats des 1re et 4e compagnies arrivés en renfort dans l'après-midi.

Bruno Plota avait fait le mort pendant plus d'une demi-heure, allongé sur la route étroite en avant de Colleville, à environ trois mètres du grand roncier, avant de commencer à allonger prudemment la jambe gauche. Au bout de ce qui lui semble être une éternité, il parvient à remonter le genou à la hauteur de la hanche puis, soudain, il bondit et court en quelques enjambées jusqu'aux buissons tout proches et plonge dans ce fouillis d'épines. Déployant toutes ses forces, il s'ouvre à l'aide de sa baïonnette un chemin dans ces redoutables buissons. Les longues et dures épines traversent son uniforme, pénètrent la chair de ses jambes. Lors de ces efforts pénibles, il arrache les deux manches de son uniforme et les épines font de longues et profondes entailles dans ses bras tandis que son uniforme est déjà imbibé de sang.

Lorsque Plota arrive enfin de l'autre côté du roncier, il se retrouve soudain face au *Wachtmeister* Fack qui s'était caché derrière ces buissons. Bien que Fack dépendît du poste d'observation d'artillerie, ils se connaissaient bien. Cependant, avant d'être revenus de leur surprise d'être ainsi tombés nez à nez, deux GI apparaissent. Plota épaule aussitôt son fusil, mais avec sang-froid, le *Wachtmeister* met la main sur le canon :

« *Plota, es-tu stupide ? Tu tires sur l'un d'eux et ensuite les autres nous font la peau. Laisse-nous plutôt dégager d'ici...* »

Sous la protection des hauts buissons, ils atteignent le moulin inférieur, dans la vallée. Arrivés là, Fack prend congé en disant :

« *Je rejoins mon unité, à Mandeville...* »

Il laisse donc Plota seul, encore tout ensanglanté, et traverse l'ensemble de quatre bâtiments composant cet ancien moulin, tandis qu'on entend les coups donnés dans les étables par les nombreux moutons rendus nerveux.

Bruno Plota prend le chemin direct qui remonte de la vallée vers Colleville. Après quelques mètres, il entend soudain, depuis un petit vallon latéral donnant sur la vallée, un clic-clac métallique qui se répète à divers intervalles. (*Les parachutistes américains, de la 101st Airborne Division principalement, étaient équipés de petites pinces de métal appelées « criquets » et utilisées comme signaux de reconnaissance).* Plota ne peut s'expliquer ces bruits curieux, mais il observe à une certaine distance des silhouettes sombres dont il ne peut définir la nationalité. Il continue d'avancer rapidement et, trois minutes plus tard, il se trouve devant le WN 63.

L'étroite Route de la Mer qui, depuis Colleville, traverse la fertile vallée des Moulins jusqu'à l'ancien WN 62 (la pente raide au milieu de la photo). La plupart des soldats du WN 62 ont pris ce chemin pour se replier sur le poste de commandement de la compagnie. Peu avant la fin de la vallée se trouve, devant la pente, la petite propriété sur laquelle se trouvait alors le moulin à eau inférieur.

Beaucoup de blessés et de soldats inconnus se sont déjà retrouvés devant et à l'intérieur du poste de commandement. Bruno Plota pénètre à son tour dans la première pièce du bunker semi-souterrain, espérant, en vain, y trouver quelque chose à manger. C'est alors qu'arrive Peter Lützen et tous deux sont heureux de se revoir. Lützen fait remarquer à son camarade qu'il a des petites blessures saignantes derrière l'oreille droite et sur le nez (elles ont été causées par l'impact de l'obus dans la casemate qui a projeté de petits éclats de béton en tous sens – ce que Plota n'avait pas encore remarqué, à cause du stress). Un infirmier s'occupe alors de Plota, nettoie et bande ses blessures. Arrive alors le *Major* Lohmann. Ce dernier examine un moment le caporal-chef maculé de sang et, après avoir constaté qu'il est encore apte au combat, l'envoie dans le village pour monter la garde près de l'église. Plota prend son fusil et s'y rend.

Entre-temps, sur le côté occidental du WN 62, les GI se sont hasardés jusqu'au point d'appui. En bas, ils ont enfin traversé le haut de la plage et ont atteint le bas du versant. Depuis ces positions, ils observent les derniers soldats allemands épaulant leurs fusils dans la tranchée du secteur central de la position, près du poste d'observation.

Dans cette étroite tranchée à moitié comblée, entre les bunkers d'observation et de transmission, sont accroupis le lieutenant Frerking, qui porte toujours la bande de cartouches autour des épaules, le jeune *Leutnant* Grass, le sergent Beermann, les caporaux Severloh, Wernecke et Schulz, les deux radios et un soldat de la 3ᵉ compagnie, basé sur le point d'appui, Anton Flossmann. Ces neuf hommes savent que le point d'appui est perdu et que les Américains se trouvent à proximité, menaçants. Tous sont marqués par l'épuisement et la déception. Le lieutenant Frerking est particulièrement pâle. Il dit à Flossmann, qui est le soldat le plus âgé du groupe :

« *Maintenant, vous serez le premier à bondir et vous décrocherez prudemment vers l'arrière...* »

Frerking se tourne alors vers les autres soldats et poursuit :

« *Je bondirai ensuite, le caporal Severloh me suivra avec le MG, puis les autres...* »

L'ancienne tranchée de 23 mètres de long se trouvant entre le poste d'observation (l'éminence en arrière-plan, au bout de la tranchée) et le bunker des transmissions (entrée au premier plan, en bas à gauche – comparer avec les pages 48 et 105).

Neuf soldats du WN 62, en état de se replier, ont rencontré le lieutenant Bernhard Frerking dans la tranchée, à seulement quelques mètres avant le bunker des transmissions (au centre de la photo).

Anton Flossmann s'élance hors de la tranchée et court, plié en deux, en direction de l'est, devant la grande cavité du chantier afin de se mettre à l'abri derrière la butte de déblais. Aussitôt, une grêle de projectiles s'abat sur celle-ci.

Depuis la tranchée, ceux qui sont restés en arrière observent la situation et, en raison de l'importance des tirs et de leur direction, d'où on peut les abattre, ils prennent conscience de la gravité de leur situation et de l'importance de la menace. Il est évident qu'ils doivent maintenant agir rapidement s'ils veulent se mettre en sécurité.

Plié en deux dans la tranchée étroite et sale, le lieutenant Frerking s'approche de son ordonnance. Le caporal Severloh – dont la moitié droite du visage est maculée de sang et enflée, ne laissant à l'œil qu'une fente étroite – a été pendant ces six mois humainement très proche de son chef ; le lieutenant a été plus qu'un supérieur pour le soldat de vingt ans.

Lorsque Frerking se trouve accroupi devant Severloh, avec son uniforme sale et sa bande de cartouches autour du cou, le caporal ressent l'importance de cet instant. Il dira plus tard :

« *C'est comme si, déjà depuis l'aube, nous avions parfaitement deviné qu'il ne survivrait pas à cette journée...* »

Sous le casque d'acier recouvert d'une poussière calcaire claire, le visage pâle de Frerking est grave et semble soucieux en observant la joue fortement enflée et ensanglantée de son ordonnance. Une fois encore, le jeune soldat ressent la chaleur et la complicité qui les unit. Puis, de manière surprenante, l'officier lui tend la main, serre la sienne et lui dit rapidement :

« *Tu bondis après moi, Hein... Fais attention...* »

La situation ne permet pas à ces deux hommes, qui ont davantage vécu comme un père et son fils, malgré la discipline militaire, de passer plus de temps à prononcer d'autres paroles. *(Dans son autobiographie,*

Funker Kurt Wernecke.

« WN 62, Souvenirs à Omaha Beach », Hein Severloh décrit cette relation humaine inhabituelle entre un supérieur et son soldat.)

Lorsqu'il bondit de la tranchée, vers 15 h 30, Severloh ne court pas dans la même direction que son prédécesseur mais remonte la pente jusqu'au premier trou d'obus, continuant de traîner son MG avec lui. Le caporal entend aussitôt un tir de fusil américain et le sifflement d'un projectile à proximité. Il saute alors dans le trou salvateur. Quelques projectiles percutent le sol et Severloh saute dans le trou d'obus suivant. Le bombardement et le tir de barrage d'artillerie de marine du début de la matinée ont creusé beaucoup de trous d'obus profonds sur le plateau, souvent contigus les uns aux autres. Ainsi, plié en deux, Severloh peut-il sauter d'un cratère à l'autre et quitter cette zone dangereuse.

Hein Severloh reste dans l'un des nombreux trous qui se trouvent sur le chemin étroit menant de Saint-Laurent au WN 62, à deux cents mètres derrière le plateau du point d'appui. Kurt Warnecke apparaît quelques minutes plus tard dans ce terrain bouleversé. Severloh attire son attention et, un moment après, Warnecke le rejoint. Désarmé, littéralement décomposé et à bout de souffle, il raconte à son camarade que tous les autres ont été abattus par les tirs ajustés des Américains et qu'il est le seul à s'en être sorti. Le lieutenant Frerking aurait pour sa part été abattu. *(Kurt Warnecke est le dernier soldat qui a quitté le point d'appui par ses propres moyens.)*

Entre-temps, peu après 16 heures, devant le poste de commandement de la compagnie, l'*Oberfeldwebel* Pie, le caporal-chef Lützen, le caporal Gockel, trois blessés graves de la 4ᵉ compagnie, le prisonnier américain et le Résistant français grimpent sur le plateau ouvert d'un camion de la *Wehrmacht* sur lequel un imposant gazogène est installé à gauche de la place du chauffeur. Ce camion doit amener les blessés au poste de secours principal le plus proche, à proximité de Bayeux, et déposer les prisonniers dans un camp local. Le véhicule démarre mais, au lieu de traverser directement Colleville, il descend la route de la vallée. Peter Lützen, sachant que les Américains sont en train de se rassembler dans le bas de cette vallée, est tétanisé. Mais, avant d'avoir roulé une centaine de mètres, le camion oblique sur la droite dans un chemin exigu. Suivant les virages étroits, il atteint ensuite l'autre entrée de Colleville, qui est cachée sur un versant, entre deux petites propriétés. Le véhicule arrive à nouveau sur la Route Nationale 14 et revient vers l'ouest, dans la localité. Le chauffeur du camion se rend vite compte de son erreur et cherche un endroit dégagé pour tourner rapidement, endroit qu'il trouve à proximité d'un vieux mur de pierres à moitié effondré. Mais, lors de cette manœuvre, il arrache le gazogène.

Le chemin (en bas à droite) qu'a pris le camion chargé de blessés et de prisonniers, venant du WN 63, en passant devant le moulin supérieur de la vallée de Colleville (à l'époque et de nos jours).

Tandis que le chauffeur et son accompagnateur sont occupés à réparer le gazogène, les six blessés et les deux prisonniers restent sur le plateau du camion. Soudain, toute une compagnie de soldats s'approche de l'entrée orientale de Colleville. Les hommes restent à proximité du véhicule et leur capitaine explique à l'*Oberfeldwebel* Pie qu'ils constituent un renfort engagé dans le combat contre les Américains. À ce moment-là, depuis sa position élevée sur le camion, Peter Lützen voit, encore à une certaine distance, plusieurs groupes importants de fantassins

L'entrée ouest de Sainte-Honorine-des-Pertes qui était bloquée le 6 juin 1944 par les décombres de la première maison (à gauche) touchée par les bombes. Dans le fossé se trouvaient alors plusieurs cadavres de soldats allemands tués lors d'une attaque de chasseurs-bombardiers.

américains en train de remonter la route de la vallée, en direction du camion. Lützen dit d'une voix forte :

« *Nous serons bientôt prisonniers, les Ricains sont en train d'arriver...* »

Le capitaine hoche la tête :

« *Non, ce sont des Allemands...*

– Je reviens d'en bas, ce ne sont pas des Allemands... », lui explique Lützen.

Le capitaine ajuste ses jumelles et dit à voix basse :

« *C'est vrai..., vous avez raison...* »

Au même moment, le moteur du camion repart et le véhicule s'ébranle avec son chargement inhabituel, abandonnant à son sort la compagnie de renfort tout en se dirigeant vers l'est.

Un autre problème surgit quand ils arrivent à l'entrée de Sainte-Honorine-des-Pertes, à seulement 1,4 km de Colleville : la rue étroite à l'entrée de la localité est en partie bloquée par les décombres des façades des maisons touchées par des bombes.

« *Bon, il faut qu'on retourne à la compagnie* », dit Pie.

Lützen proteste énergiquement :

« *Non, non, on n'y retourne pas. Je veux aller en Allemagne !* »

On décide alors de descendre du camion et de poursuivre le chemin à pied, en laissant les trois blessés graves sur le véhicule. Le chauffeur quant à lui veut trouver une autre route pour Bayeux, mais il lui faut d'abord revenir à Colleville.

Devant le WN 62 et à proximité de l'entrée de la vallée, les troupes américaines toujours plus nombreuses se rassemblent dans l'après-midi, attendant à cet endroit le débarquement de ravitaillement et de soldats.

Entre-temps, vers 16 heures, le premier char américain a remonté la route étroite depuis l'entrée de la vallée, en direction de Colleville. Cependant, lorsqu'il a voulu passer devant le flanc oriental du point d'appui, les servants du canon Pak *(la pièce située en arrière de celle de Kuska. N.D.T.)* ont tiré un obus sur le char. Le coup au but a aussitôt arrêté le tank d'où s'échappe un panache de fumée – l'équipage n'est pas sorti... Les quatre artilleurs de la compagnie antichar du *Grenadier-Regiment 916* ont alors abandonné leur pièce et ont décroché vers l'arrière par les hauteurs – les Américains fourmillent déjà à l'entrée de la vallée entre le WN 61 et le WN 62.

113

Avec prudence, Hein Severloh et Kurt Warnecke ne veulent pas prendre de route ou de chemin pour remonter la vallée en direction de Colleville. Ils glissent d'abord sur leur fond de culotte sur le versant raide jusque dans la vallée du ruisseau des moulins, puis traversent la route étroite directement devant les bâtiments de l'ancien moulin où les moutons cognent toujours dans les étables. Ils grimpent ensuite en courant une partie du versant opposé, jusqu'à un chemin étroit qui, à mi-hauteur, en venant du WN 61, mène à Colleville, presque parallèlement à la rue de la Mer. Arrivés à ce chemin, les hommes doivent se reposer un moment car ils sont quasiment épuisés, puis ils reprennent le chemin en direction de Colleville.

Au même moment, une mitrailleuse crépite depuis l'autre versant de la vallée et, en un instant, Kurt Warnecke tourne sur lui-même, se met à crier fort, avance rapidement de quelques mètres et s'effondre. En même temps Severloh, qui se trouvait à côté de Warnecke, fait quelques mètres sur le côté et est projeté au sol, tombant sur son MG. Les deux soldats, toujours allongés sur le sol, baissent leurs pantalons pour examiner leurs blessures. Kurt Warnecke a deux trous proches d'entrée et de sortie dans les deux fesses, d'où s'échappe son sang. Hein Severloh a pour sa part deux trous de balles très proches mais sur la hanche droite, qui enfle rapidement et d'où suinte du sang. Toutefois, il remarque que le projectile n'est pas resté dans la chair et que, malgré la douleur cuisante, il peut remuer sa jambe. Outre cette blessure, Severloh souffre de contusions causées par la chute sur son MG. Toujours allongé par terre et jurant, il jette son arme dans le plus proche roncier, haut de plusieurs mètres. Puis les deux hommes se lèvent et partent en claudiquant.

Protégés par l'orée du bois tout proche, Severloh et Warnecke rencontrent un peu plus tard dix soldats du *Regiment 916* de la *352. Infanterie-Division*, dont un infirmier. Ce dernier s'occupe aussitôt de la blessure de Warnecke qui saigne abondamment et il établit que les deux trous de balle ont été causés par un seul projectile qui a également atteint Hein Severloh mais qui a été freiné par son portefeuille, son livret militaire et quelques lettres qui se trouvaient dans sa poche de veste. Severloh confie alors Warnecke à l'infirmier pour rejoindre seul le poste de commandement de la compagnie qui n'est pas très loin.

Vers 16 h 30, et peu après que Bruno Plota est parti dans la localité avec son fusil, Hein Severloh arrive au poste de commandement de la compagnie. Entre-temps, les portes séparant les trois pièces en enfilade du WN 63 avaient été largement ouvertes, et vingt-cinq personnes se trouvaient à l'intérieur. Parmi eux, on compte maintenant de nouveaux blessés graves, allongés sur les lits de camp, voire sur le sol. À cause des récents événements survenus à Colleville, le *Major* Lohmann est nerveux et tendu. Il regarde cependant le jeune caporal avec commisération. Hein Severloh se présente dans les règles, il annonce au chef de bataillon que lui et Warnecke sont les derniers soldats à avoir quitté le WN 62 en vie et que le lieutenant Frerking, le sous-lieutenant Grass, le sergent Beermann, les deux radios et le caporal Schulz ont été tués – d'après ce que son camarade Warnecke lui a dit. Le *Major* Lohmann lui demande alors :

« *N'étais-tu pas l'ordonnance de Frerking...?* »

Hein Severloh approuve en hochant la tête, puis il demande un téléphone de campagne au *Major* car il veut transmettre à Houtteville son

L'ancien moulin inférieur derrière le WN 62, autrefois (ci-dessus) et aujourd'hui (ci-dessous).

rapport officiel concernant la situation de la *B-Stelle* (poste d'observation) sur le WN 62. *(Une mince ligne téléphonique allait directement du WN 62 à la batterie en passant par le poste de commandement.)* Avec son couteau de poche, Hein Severloh gratte une petite partie de l'isolant noir et raccorde le câble au téléphone. À la position de tir, il entre en contact avec Heinrich Krone. Severloh expose la situation et signale que Frerking, Grass et Beermann ont été tués. Krone explique que la batterie n'a plus de munitions depuis midi et que Fack est déjà arrivé *(en chemin vers Mandeville)* à la batterie et n'est pas blessé.

Lorsque Severloh rend le téléphone de campagne au *Major* Lohmann, le chef de bataillon ne remarque pas seulement les blessures et l'épuisement du jeune caporal, mais aussi sa tristesse :

« *Allonge-toi là, sur le lit de camp…* »

Puis le *Major* va chercher un infirmier qui doit s'occuper du caporal. Après une piqûre, épuisé, ce dernier s'endort.

Entre-temps, Bruno Plota a faim et, au lieu d'aller à l'église, il se rend à la ferme la plus proche de Colleville pour chercher quelque chose à manger. La propriété semble être complètement abandonnée : un professeur, qui habitait dans un petit bâtiment sur le côté droit de la cour n'est pas non plus là. Comme il est tenaillé par la faim depuis des heures, Plota réfléchit un instant. Il pourrait casser un carreau d'une fenêtre pour entrer dans la maison et récupérer quelque chose à manger. Sa faim est plus importante que la garde à l'église. Il hoche la tête, mais malgré tout il continue son chemin.

La route côtière traversant Colleville, la rue principale, avec la ferme du Chemineau dans laquelle la 3ᵉ compagnie était installée (voir pages 26 et 27).

Mais, en passant devant une autre petite ferme, il s'arrête devant une grande porte d'entrée de couleur verte dans laquelle s'ouvre une seconde porte plus petite. Dans l'espoir de trouver peut-être quelque chose à manger, il l'ouvre prudemment. Dans une grande pièce plongée dans une semi-pénombre, sont assis quelques Français âgés, des femmes et des hommes, accompagnés de quelques petits enfants. Inquiets, tous regardent le jeune soldat, avec son uniforme aux manches arrachées, déchiré et maculé de sang. L'Allemand se tient dans l'encadrement de la porte, avec ses bras bandés et le fusil sur l'épaule. Tous se taisent, puis Bruno Plota dit :

« *S'il vous plaît, du pain…* » (phrase dite en français – N.D.T.)

En silence, l'une des vieilles femmes se lève et entre dans une pièce contiguë d'où, au bout d'un certain temps, elle revient avec deux tranches de pain bien beurrées qu'elle tend en silence au soldat. Plota est heureux d'avoir reçu ce pain :

« *Merci beaucoup, merci madame, merci…* » *(phrase de Plota dite également en français – N.D.T.).*

Sous la protection des hauts arbres qui recouvrent un chemin creux et après avoir parcouru plus de deux kilomètres à pied, le petit groupe de blessés, avec l'*Oberfeldwebel* Pie, le caporal-chef Lützen, le caporal Gockel et les deux prisonniers, atteint Etreham. Dans le village, ils rencontrent le téléphoniste du poste d'observation d'artillerie, Kurt Warnecke, qui vient juste de faire bander à nouveau par deux Françaises compatissantes ses blessures qui saignaient encore abondamment.

Entre-temps, l'*Oberfeldwebel* Pie qui souffre fortement de ses blessures, se met à la recherche d'un véhicule afin de ne plus avoir à marcher. Le groupe pénètre ainsi dans la propriété la plus proche. Lorsque le paysan et sa famille aperçoivent les blessés et les prisonniers, ils leur offrent du lait et du cidre. Ensuite, l'*Oberfeldwebel* exige que le paysan conduise les prisonniers et les blessés avec un véhicule jusqu'à Bayeux. À cette annonce, le paysan est terrorisé. Sa femme se jette sur lui et le serre dans ses bras. Les deux petits enfants se mettent aussi à pleurer. Bien que Pie explique à la Française bouleversée que son mari lui sera aussitôt renvoyé, il n'arrive pas à la calmer. Elle supplie les soldats de ne pas emmener son mari et leur montre le ciel sillonné de chasseurs bombardiers qui tirent sur tout ce qui bouge sur les routes. *(Même de nombreuses vaches ont déjà été les victimes de leurs armes.)*

Après que l'*Oberfeldwebel* Pie s'est clairement exprimé en posant bien en évidence son pistolet sur la table de la cuisine, et qu'il a exigé du paysan un cheval et un véhicule pour poursuivre son périple, le Français attelle un vieux cheval à une bétaillère en bois munis de hautes ridelles. Le voyage reprend en direction de Bayeux par des chemins étroits, protégé par de hautes haies et des arbres, tandis que le paysan a pu rester avec sa famille puisque Pie a confié la conduite de l'attelage au prisonnier français.

Peu après, un Kübelwagen arrive de la direction opposée alors que deux chasseurs bombardiers se dirigent justement vers lui et la charrette. Les blessés et les deux prisonniers sautent du véhicule et cherchent à s'abriter dans le fossé. Les quatre passagers du Kübelwagen ont aussi sauté et se sont réfugiés dans le fossé situé de l'autre côté de la route. Après le passage des avions, Peter Lützen se rend compte que l'une des quatre personnes en train de sortir du fossé, de l'autre côté de la route, est un général. Il dit à Pie :

« *Là-bas, il y a un général, Herr Oberfeldwebel, vous devez vous présenter selon le règlement…* »

Après que tous les blessés et les prisonniers ont quitté le fossé, Pie salue le général et se présente :

« *Herr General, Oberfeldwebel Pie avec cinq blessés et deux prisonniers, en route pour l'Allemagne !* »

Le général ne semble pas s'intéresser au rapport de Pie et il lui demande :

« *Comment ça se passe sur la côte ?* »

Beaucoup de maisons de l'arrière-pays ont été détruites en début de matinée par le violent bombardement du 6 juin qui a épargné les positions côtières allemandes.

L'entrée du grand domaine de la ferme du château de Sully, près de Bayeux.

L'étable de plus de trente mètres de long de cette propriété, qui avait été transformée en hôpital allemand de fortune le 6 juin.

Les bus de la Wehrmacht sur lesquels des croix rouges avaient été peintes furent plus tard les cibles d'une attaque de chasseurs-bombardiers.

– *Ça barde, mon général* », répond l'*Oberfeldwebel*.
Le général hoche la tête :
« *Bon, on va les prendre à la gorge…* »
Puis tous continuent leur chemin.

Peu après 18 heures, alors qu'elle est encore loin de Bayeux, la petite troupe rencontre une ambulance. L'*Oberfeldwebel* Pie arrête le véhicule et exige que le chauffeur amène aussitôt les blessés à l'hôpital principal. Surpris, les soldats voient descendre six *Blitzmädchen*, des auxiliaires féminines des transmissions, qui leur laissent la place.

Après un court trajet, l'ambulance pénètre dans une grande propriété, la ferme du château de Sully, où règne une intense activité. À chaque instant arrivent de nouveaux blessés, dans d'autres véhicules, que des infirmiers soutiennent ou portent jusqu'à une très vaste étable qui a été transformée en hôpital de fortune. Peter Lützen et ses camarades blessés pénètrent à leur tour dans cette étable d'une trentaine de mètres de long et ils sont horrifiés par le spectacle qu'ils y découvrent. Tout le bâtiment est plein de blessés allongés sur le sol, les uns contre les autres, sur des lits de fortune ou de la paille. Dans l'un des coins éloigné du bâtiment se dresse un grand tas de bras et de jambes amputés… Plaintes et gémissements emplissent la pénombre de ce vaste local. Lützen s'en souvient en tremblant :

« *Il y avait là dix ou douze médecins qui opéraient et amputaient en chœur sur une longue table. Le sang coulait à flots sur leurs blouses blanches…* »

Lützen et Gockel ne reçoivent qu'un coup de tampon sur leurs livrets militaires et ils doivent aussitôt quitter ce lieu de misère et de souffrance. Avec d'autres blessés légers, ils sont chargés dans trois bus de la *Wehrmacht* prêts à partir.

Mais ces bus, qui transportent plus de soixante-dix hommes, ne vont pas aller bien loin car ils vont être rapidement attaqués par des chasseurs bombardiers, et les cratères formés, les pierres et la terre projetée ne vont pas permettre aux véhicules de poursuivre leur route. Les blessés doivent donc descendre et continuer à pied jusqu'au prochain village.

Lorsque le *Major* Lohmann éveille Hein Severloh, qui avait dormi jusque-là dans la première pièce du poste de commandement de la compagnie, il est presque 18 heures. Quand le caporal ouvre les yeux, il se rend compte qu'entre-temps, beaucoup d'autres blessés sont arrivés au WN 63. Le *Major* Lohmann lui demande alors :

« *Êtes-vous en mesure de surveiller quelques prisonniers américains ?* »

Severloh fait signe qu'il est d'accord :

« *Où sont-ils ?* »

Le *Major* lui donne un nouveau fusil :

« *Dehors...* »

Près de la porte d'entrée du poste de commandement se tiennent trois jeunes GI de la *1st US Infantry Division* (Compagnie « L », 16ᵉ Regiment d'infanterie) qui semblent choqués. Severloh trouve plutôt sympathiques ces soldats sont encore coiffés de leur casque. L'air angoissé, ils regardent le fusil que Severloh porte sous le bras avec flegme. Il leur fait signe de s'asseoir sur le petit banc installé dans une niche, près de la porte. Même si le grondement de l'artillerie s'est tu sur la côte, on entend les coups de feu échangés en permanence entre les fantassins allemands et les Américains qui se rapprochent du WN 63. Des coups de feu viennent également de Colleville. La ligne de front principale n'est plus sur la plage. Le temps s'est amélioré : le ciel est encore légèrement couvert mais il est bien plus clair.

L'insigne de la 1ʳᵉ division d'infanterie américaine, la « Big Red One » (« Grand Un Rouge »).

Les trois prisonniers américains regardent toujours avec inquiétude le fusil de Severloh et conversent entre eux à voix basse. Ne parlant pas anglais, le caporal n'aurait pu de toute façon comprendre ce qu'ils disaient.

Soudain, l'un des Américains parle à Hein Severloh dans le patois d'Allemagne du Nord, typique de la région d'Uelzen *(le pays natal de Severloh)* :

« *Quand vas-tu tirer ?* »

Hein Severloh est médusé et, après que le GI a répété sa question, il répond :

« *Tu n'entends pas, nous tirons partout... ?* »

Le GI lui explique à présent qu'on leur a dit aux États Unis que s'ils étaient capturés par des soldats allemands, ils seraient aussitôt exécutés. Severloh comprend maintenant l'inquiétude des Américains, ainsi que le sens de la question. Il explique aux Américains qu'ils vont traiter les prisonniers selon le droit de la guerre, dans la mesure où lui et ses camarades ne l'attaqueront pas ou ne tenteront de fuir. Les jeunes GI sont évidemment rassurés.

Ensuite, l'Américain parlant l'allemand du nord explique que ses parents viennent d'un petit village situé à proximité d'Uelzen (à cinquante kilomètres du village de Severloh) et que, chez lui, aux États Unis, ils parlent entre eux dans la langue de leur patrie d'origine. Lorsque l'Américain veut savoir quel sera leur sort en tant que prisonniers de guerre, Hein Severloh leur explique qu'ils devront certainement travailler la terre chez un paysan. Le GI est très content et, spontanément, il dit :

« *Alors, je veux travailler sur la terre d'où viennent mes parents* »

Parmi les allées et venues continuelles devant le poste de commandement, surgissent soudain deux lieutenants allemands en tenues impeccables amenant deux autres prisonniers américains qui s'assoient sur l'autre banc de pierres, près de la porte. Hein Severloh sort un paquet de cigarettes entamé de sa poche de veste maculée de sang et, avec soin, il coupe en deux ses trois dernières cigarettes. Il distribue ensuite chacune des moitiés et remet la dernière dans le paquet cabossé. Lorsqu'il donne du feu aux prisonniers, il remarque que le nouveau, à l'avant, a un petit trou entouré de sang dans sa veste d'uniforme. Lorsque le GI s'aperçoit que Severloh examine le trou, il se lève et se tourne. Sur le dos de sa veste, l'Américain a peint trois lettres, « TEX » (pour Texas), et il a un autre trou dans le dos. Par le biais de son camarade interprète parlant l'allemand du nord, il explique qu'en débarquant devant le WN 62, on a tiré sur lui à mi-hauteur de la position et qu'une balle lui a traversé un poumon... Puis le Texan fume sa demi-cigarette, avec le soldat qui lui a tiré dessus il y a seulement quelques heures.

Depuis le début de l'après-midi, les premiers Américains sont arrivés aux abords de Colleville. À partir de 19 heures, on se bat dans la localité près de l'église endommagée (voir page 108).

À partir de 19 heures, toujours plus d'Américains remontent la vallée et arrivent sur Colleville par les plateaux. Dans le petit village, Michel Schnichels a rencontré d'autres soldats allemands d'unités différentes. Tous se retranchent maintenant dans une ferme située face à l'église et qui a été touchée par des bombes dans la matinée. Michel Schnichels résiste avec son fusil, et lorsque les Américains commencent à tirer sur les bâtiments avec des mortiers de gros calibre, il cherche à s'abriter dans une écurie. Juste après avoir pénétré dans la pièce, un obus de mortier explose directement derrière le seul cheval se trouvant dans l'endroit. Touché par un gros éclat d'obus, l'animal s'effondre sur le sol. Saignant abondamment, il hennit violemment dans les affres de la mort et frappe de ses sabots autour de lui. Schnichels qui, en tant que maréchal-ferrant, connaît et apprécie ces animaux, veut soulager le cheval et l'abattre. Cependant, l'obus suivant explose dans l'écurie. Schnichels se jette derrière le dos de l'animal en train de hennir tandis qu'un nouvel obus s'abat.

Lorsque Michel Schnichels reprend lentement conscience dans l'écurie totalement dévastée par les obus, il se rend compte qu'il gît dans une immense flaque de sang, son sang. Dans toute la pièce, sont dispersés de petits et grands morceaux sanglants de la chair du cheval déchiqueté par le coup au but et, partout, le sang coule sur le mur de pierre. Schnichels est lui aussi couvert de lambeaux de chair. Il a de vives douleurs dans le

Le caporal Michael Schnichels âgé de 19 ans.

dos, dans la cage thoracique et au bras gauche. Et, avant même de pouvoir correctement examiner son état, il entend parler des Américains. Puis des pas s'approchent, Schnichels ferme les yeux et fait le mort.

Les GI qui pénètrent dans l'écurie détruite sont confrontés à un spectacle affreux. Entre les poutres effondrées et les harnais de chevaux, les ardoises brisées, les planches fumantes et les restes déchiquetés du cheval dont la tête et les jambes sont dispersées dans le local dévasté, ils trouvent le soldat qui gît dans la grande flaque de son propre sang., touché par plusieurs éclats. Au bout d'un moment, Schnichels ouvre lentement les yeux et l'un des Américains s'agenouille près de lui et lui place une cigarette allumée entre les lèvres. Lorsqu'un infirmier américain arrive pour le soigner, l'Allemand perd à nouveau connaissance : un éclat du dernier obus de mortier a traversé son bras gauche, plusieurs autres ont touché ses côtes et un autre encore est resté planté près de sa colonne vertébrale.

Photo de gauche : l'écurie, touchée par plusieurs obus, où Michael Schnichels fut grièvement blessé (à droite), face à l'église endommagée.

Ci-dessus. L'église a été restaurée et il ne reste plus que les murs de l'étable (voir page 108).

Vers minuit, lorsque quelques coups de feu claquent de nouveau dans l'obscurité, et alors qu'il n'y a plus de chasseurs bombardiers dans les airs, le *Major* Lohmann fait allonger des derniers blessés sur une charrette à quatre roues et quitte le poste de commandement de la compagnie avec un total de vingt-deux soldats allemands et les quatre soldats américains. Cent mètres plus loin, dans le centre de Colleville, il essuie de violents tirs de fusil venant de deux maisons. Les Américains se sont déjà retranchés dans de nombreux bâtiments anciens situés au carrefour routier.

Dans l'obscurité, Hein Severloh se jette près du mur de la mairie d'où les flammes des tirs apparaissent aux fenêtres de ce petit bâtiment. Les tirs s'arrêtent aussi vite qu'ils ont commencé. Tous se relèvent et on se remet rapidement en route vers l'arrière-pays. Hein Severloh regarde alors autour de lui. Les quatre GI prisonniers sont toujours derrière lui dans l'obscurité, ils n'ont pas profité de l'occasion pour fuir comme ils auraient pu le faire…

Entre-temps, les Américains ont également encerclé le poste de commandement souterrain et ont capturé les derniers soldats, principalement des blessés. Parmi eux, se trouve aussi le caporal-chef Bernhard Lehmkuhl.

Avec quelques autres prisonniers allemands, il doit passer la nuit en plein air, entre le WN 63 et la ferme en lisière de Colleville. Les hommes, totalement épuisés, s'allongent dans la prairie, dans l'obscurité, et n'ont que leur manteau pour se protéger de la fraîcheur de la nuit.

Lorsque la journée s'achève, il y a longtemps que les divers points d'appui allemands de la baie d'Omaha ont été pris. Devant le WN 62, deux bulldozers ont dégagé les obstacles et les barbelés, libérant le chemin menant de la plage à la vallée pour les chars suivants et les véhicules. Ils ont déminé, aplani et élargi ce chemin. Cependant, dans le secteur de débarquement d'Omaha, les Américains n'ont qu'une petite tête de pont de 1 800 mètres de profondeur au maximum et de 6 800 m de large. Sur les points d'appui, ne sont restés que les blessés graves et les morts. Le WN 62, édifié en presque deux ans, qui constitue le plus solide bastion de la baie d'Omaha, et où les Américains ont subi les plus grandes pertes, n'a pas tenu face à l'incroyable orage d'acier et à l'énorme puissance des soldats alliés. Bien plus, il constitue déjà pour les Américains la première borne de leur route pour la libération de l'Europe. Mais c'est une borne sanglante, dressée ce jour décisif – le Jour J –, que les Alliés avaient appelé « le Jour des représailles ».

Ci-contre : dès le début de la soirée du 6 juin 1944, les Américains commencent à aplanir et à élargir avec des bulldozers le chemin principal menant de l'entrée nord du WN 62 à son entrée principale pour faciliter la progression des véhicules lourds qui vont arriver. Un DUKW (camion amphibie) avance dans le fossé antichar qui borne le terrain du point d'appui. On aperçoit encore des vestiges du concasseur de galets en limite de la plage (en arrière-plan, au milieu de la photo).

Ci-dessous : le chemin principal aujourd'hui, devant l'ancien point d'appui.

Et après

Dès la nuit du 6 au 7 juin, de nombreux prisonniers allemands sont rassemblés dans des enclos provisoires dans la vallée précédant Colleville *(entre les WN 61 et WN 62)*, dans la vallée du Ruquet, près de Saint-Laurent, et sur le versant du plateau occidental, près de Vierville. En outre, quelques prisonniers allemands doivent *(comme dans beaucoup d'autres lieux)* amener les corps de leurs camarades tués jusqu'à des camions afin de les évacuer. Le caporal-chef Bernhard Lehmkuhl doit lui aussi participer à cette corvée et il se souvient :

« *Il y avait aussi le corps du sergent Eberhardt dans le fossé ; il avait été à moitié déchiqueté par un obus. Les soldats, qui avaient suivi son ordre de contre-attaque la veille étaient là aussi...* »

Dans la matinée du 7 juin, soit un jour après le début du Débarquement et presque exactement deux ans après l'établissement du point d'appui, les Américains commencent à aplanir tout le terrain du WN 62

La fin – Après la destruction et la prise des quatre points d'appui devant Colleville, les derniers soldats de la 3ᵉ compagnie et ceux des 1ʳᵉ et 4ᵉ compagnies du Grenadier-Regiment 726 venus le 6 juin pour les soutenir, furent capturés par les Américains – cette photo a été prise en secteur britannique.

avec deux bulldozers. Bruno Plota attend alors son transfert par bateau vers la Grande-Bretagne *(puis, plus tard, les États Unis)* avec quelques autres de ses camarades dans la vallée devant Colleville, entre les deux points d'appui *(WN 61 et 62)*, sur une vaste surface qui vient d'être nivelée. Il s'étonne de voir « *les deux blindés bizarres en train de niveler tout le point d'appui. Je n'avais encore jamais vu de tels engins...* ».

En 1973, l'un des deux chauffeurs de bulldozers expliqua à l'auteur :

« *Dès le lendemain du Débarquement, nous avons reçu l'ordre de niveler toutes les tranchées et les trous. Je ne sais pas pourquoi nous avons dû le faire aussi vite. Mais ce point d'appui est le seul où ça s'est passé comme ça...* »

Dès les premières heures du 7 juin, des colonnes américaines de blindés et de véhicules roulent de manière ininterrompue, chargées de matériel et de soldats, en remontant la Vallée du Ruisseau des Moulins, en traversant le centre de Colleville pour stabiliser et agrandir aussi vite que possible l'étroite tête de pont d'Omaha.

Ravitaillement, matériel et troupes pour les Américains arrivent en masse, venant de la côte et traversant le centre de la localité de Colleville (en regardant vers l'ouest – comparer avec la page 16).

Les deux photos ci-dessus. La rue principale en juin 1944 (à droite) et aujourd'hui (à gauche, en regardant vers l'est. Comparer avec les pages 65 et 109).

La position antichar du caporal-chef Siegfried Kuska après sa prise par les Américains.

Jusqu'en juillet 1947, le lieutenant Bernhard Frerking était porté disparu. C'est seulement à l'initiative de son ancienne ordonnance, Heinrich Severloh, et du propriétaire du domaine de Houtteville *(dans lequel vivait Frerking jusqu'au 6 juin)*, Fernand Legrand, que la lumière put être en partie faite sur la mort de Frerking. Hein Severloh avait réalisé un croquis du WN 62, montrant en particulier le poste d'observation et la liaison avec le bunker des transmissions par la tranchée, et il l'avait envoyé à Monsieur Legrand. Ce dernier avait trouvé, à l'endroit décrit par Severloh, un vieux piquet de bois vermoulu qui se dressait encore au-dessus du sol. La plaque individuelle avait été clouée sur ce piquet, on ne sait par qui... Le rapide nivelage du point d'appui explique la disparition du corps de Bernhard Frerking et peut-être encore celle de quelques autres.

Fernand Legrand signale alors sa découverte à la mairie de Colleville et les ossements de Frerking sont tout d'abord inhumés dans le nouveau cimetière américain de Colleville. Par la suite, ils seront transférés au cimetière militaire allemand de La Gambe, après l'ouverture de ce dernier, en 1961. On a ainsi pu établir que Frerking avait reçu une balle en pleine tête *(ce qui a de toute évidence entraîné une mort instantanée)*.

Dans ce contexte, il est remarquable que l'on n'ait pas retrouvé les ossements du groupe de soldats qui trouvaient à proximité de Bernhard Frerking lors de l'exhumation des restes. Il s'agit de ceux du sergent Beermann et des deux radios *(le corps du* Leutnant *Grass fut retrouvé le 7 juin)*. Le fait est que le conducteur du bulldozer américain a recouvert de toute évidence les corps des soldats allemands tués dans la tranchée – sur ordre ? Les Américains n'ont-ils pas voulu prendre en compte le drame du WN 62... ?

Le 18 juin 1944, le fils du lieutenant Bernhard Frerking, âgé de sept ans, écrit à son père qu'il attend depuis si longtemps. Cette lettre se termine par cette question : « *Quand viens-tu ?* »

Deux semaines plus tard, la lettre revient au petit Reinhard. Officiellement, Bernhard Frerking est porté disparu. Mais, en fait, le jour où cette lettre a été écrite, il est déjà mort depuis douze jours. Reinhard Frerking ne sera pas le seul enfant qui attendra son père en vain, pendant longtemps...

Bernhard Frerking avec ses enfants à l'occasion de sa dernière permission (de convalescence) en décembre 1943. Un destin allemand parmi 19 millions d'autres...

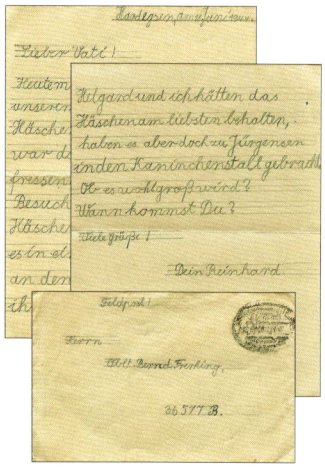

Ci-dessus : la lettre de Reinhard Frerking (à gauche), âgé de sept ans, écrite à son père le 18 juin. Elle se termine par la question « Quand viens-tu ? » Le lieutenant est alors mort depuis douze jours. Sa famille vit un destin partagé par un million de familles...

Ci-contre : Marie-Luise Frerking avec ses enfants. De gauche à droite Reinhard, Gunhild et Helgard,

Le WN 62 - Un désastre américain

Dès le premier bombardement, à 5 h 55, le désastre commence pour les Américains, avec un tir de barrage qui manque totalement son objectif et son effet stratégique. La destruction des obstacles de plage – pourtant prévue et d'une grande importance – ainsi que celle des défenses allemandes n'a pas eu lieu. En outre, le mauvais état de la mer, la dérive des péniches amenant les troupes spéciales du Génie et les premières troupes d'assaut dans d'autres secteurs que ceux prévus ont beaucoup gêné, sinon empêché les débarquements. Devant le WN 62, le tir de barrage de la 1re batterie de l'*Artillerie-Regiment 352*, le 8,8 cm Pak du WN 61 et les neuf heures de tir de MG du caporal Heinrich Severloh ont rendu difficile le débarquement des Américains. Le deuxième tir de barrage que le général Bradley a déclenché sur le haut de la plage et les défenses côtières n'a, lui, pas manqué son but, y compris parmi les GI déjà débarqués…

Le chiffre officiel des pertes américaines s'élève au total à 6 603 hommes *(estimé, d'après le rapport de la Ve Armée américaine)* : 1 465 tués, 3 184 blessés, 1 928 disparus et 26 prisonniers dans les secteurs de débarquement d'Omaha, d'Utah, ainsi que dans le secteur des *82nd* et *101st Airborne Divisions*. Les vétérans de l'ancien WN 62 considèrent ces chiffres comme irréalistes. Heinrich Severloh prétend :

« *Devant le seul WN 62, il y avait bien trois mille hommes* ».

Avec la seconde vague d'attaque, à 6 h 45, Robert Sales, de la compagnie B du *116th Infantry Regiment*, s'approche de la côte. Dès son instruction, Sales s'était vraiment soucié des effets des défenses allemandes et des tirs de mitrailleuse sur la plage. Ses instructeurs avaient tenté de le rassurer :

« *Ne te fais pas de soucis, elles auront été détruites au préalable par notre artillerie de marine.* »

Plus tard, Sales racontera :

« *Lorsque la rampe s'est abaissée, notre officier a été aussitôt touché. Chacun de ceux qui sautaient était aussitôt fauché. Notre embarcation*

Ci-dessus : le monument de la 1st US Division. L'obélisque haut de huit mètres a été érigé au point le plus élevé du WN 62.

Ci-contre : le soir du massacre, une plage totalement dévastée…

La casemate supérieure du WN 62 avec le monument de la 5th US Engineer Special Brigade qui, au prix des plus lourdes pertes, devait détruire les obstacles côtiers devant les points d'appui dans les secteurs « Easy Red » et « Fox Green ».

se trouvait directement sous le feu croisé. Nous fûmes systématiquement réduits en morceaux. Quand tu bougeais, tu étais mort. C'est un hasard si j'ai survécu. Chaque embarcation qui suivait était prise sous le feu. J'étais le seul survivant de mon bateau. »

Harry Parley, un GI de 24 ans de la compagnie du *116th Infantry Regiment* de la *29th Infantry Division*, dont la péniche de débarquement était également arrivée ce matin-là dans le mauvais secteur, raconte :

« J'avais un lance-flammes. Lorsque j'ai sauté du bateau, il m'a entraîné dans l'eau. Je me serais noyé, si un camarade ne m'avait pas tiré. C'était un vrai chaos sur la plage. Chacun cherchait à survivre dans l'immédiat. Nous n'avons pas vu d'adversaires, nous étions tout simplement des cibles. »

À l'issue de son interview pour ce livre, Parley déclara :

« *Ne faites pas de moi un héros ; les soldats qui sont morts étaient des héros. Pas moi.* »

Page suivante :
Le cimetière militaire américain, long d'un kilomètre et large de 600 mètres, avec ses 9 386 tombes (avec Saint-Laurent en arrière-plan). À l'endroit où un chemin étroit sinue depuis la plage jusqu'au plateau (à droite de la photo), les premiers Américains ont réussi à avancer par l'est jusqu'au WN 62 (en bas de la photo) distant de 320 mètres.

1. *La casemate supérieure avec le monument de la 5th US Engineer Special Brigade.*
2. *La casemate inférieure.*
3. *Le poste d'observation de la 1re batterie de l'AR 352.*
4. *La position du mitrailleur Heinrich Severloh ; en bas à droite de la photo, l'ancienne entrée nord du WN 62 et la ceinture de galets sur la plage.*
5. *US Special Engineer Brigade.*
(J. Soucy/Romeo India - Heimdal.)

Le grand cimetière militaire américain de Colleville de 70 hectares, inauguré le 19 juillet 1956.

Le sort des soldats allemands mentionnés dans ce livre, depuis le 6 juin 1944

Bauch, Edmond, né le 24-06-1914 à Bielefeld
Sous-lieutenant (second commandant de la 3ᵉ compagnie/WN 63)
… a été tué d'une balle dans la tête près de l'église de Colleville le 6 juin 1944. Il a été tout d'abord enterré au premier cimetière militaire provisoire de Saint-Laurent et, à partir de 1960, et finalement au cimetière militaire de La Cambe (Normandie), Bloc 7, tombe 40.

Bauer Franz, né le 4-04-1907 à Stockstadt, arrondissement d'Aschaffenburg
Sergent (WN 62)
… tué près de Brévands (Manche) pendant la bataille de Normandie, devenu entre-temps membre de la 3ᵉ compagnie de l'*Ost-Bataillon 439* (dépendant de la *716. Infanterie-Division*). En 1957, il fut transféré, du cimetière militaire de Saint-James – sa sépulture originelle – à celui de Marigny dans la Manche, Bloc 4, rangée 34, tombe 1301.

Beermann, né en 1921
Sergent (1ʳᵉ batterie) B-Stelle/WN 62
Son sort est inconnu. D'après le témoignage du caporal Kurt Warnecke, il aurait été tué le 6 juin 1944 sur le WN 62 mais son corps n'a jamais été retrouvé.

Bersik Gustav, né en 1915 à Öttern, arrondissement de Lippe-Detmold
Caporal (mortier/WN 62)
… a été capturé le 6 juin 1944 derrière le WN 62 et a survécu à la guerre.

Bongard Heinz, né le 2-12-1925 à Hürth-Efferen
Grenadier (tireur MG/WN 60)
Après que le WN 60 a été abandonné sans réel combat par sa garnison à partir de 20 heures, il est retourné au village d'Etreham. Là, il a été blessé à la cuisse gauche par un éclat d'obus, le 8 juin. Dix minutes plus tard, il a été fait prisonnier. Prisonnier de guerre aux États Unis, il est rentré en Allemagne en avril 1946.

Premier cimetière provisoire des Américains sur le front de mer près de Saint-Laurent. Quelques soldats allemands y furent aussi enterrés.

Un cimetière militaire allemand provisoire en Normandie.

Monument signalant le premier cimetière militaire américain, dans un jardin, à proximité du front de mer près de Saint-Laurent. Endroit où des soldats allemands furent enterrés au début.

Brinkbäuer Theodor, né le 20-06-1909 à Bifisensell, arrondissement de Münster
Caporal-chef (artilleur/WN 62)
   … pendant la bataille de Normandie, quatre semaines après le Débarquement, il a à nouveau été promu, puis a été fait prisonnier par les Américains. Il est mort le 14-09-1999, à l'âge de 90 ans.

Brinkmeier Heinrich, né en 1908
Caporal-chef (chef de pièce/WN 62)
   …a été blessé le 6 juin 1944 sur le WN 62 et a été fait prisonnier le même jour. On ignore ce qu'il est devenu ultérieurement.

Claus Hermann, né le 15-01-1918 à Brême
Sous-lieutenant (commandant de point d'appui pour les WN 59, 60, 61 et 62)
   … dut quitter l'hôpital de Caen pour être envoyé au combat contre les troupes britanniques et a été tué le 16 juin 1944 sur la route de Troarn-Escoville *(à six kilomètres du pont de Bénouville appelé « Pegasus Bridge »)*, d'un projectile dans la tête. Il a été enterré dans le cimetière de Ranville, Bloc 6, Rangée C, tombe 22.

Eberhardt, né en 1915
Sergent (WN 63)
   … aurait été tué le 6 juin 1944 dans la Vallée du Ruisseau des Moulins, devant Colleville, d'après le témoignage de son ancien camarade Bernhard Lehmkuhl, mais ceci n'a pu être confirmé officiellement, ni par les Américains, ni par les Allemands.

Drews Emil, né en 1924
Soldat (pourvoyeur de munitions/WN 62)
   Son sort est inconnu.

Fack Ewald, né le 26-12-1911
Wachtmeister (téléphoniste, 1ʳᵉ batterie, B-Stelle/WN 62)
   … a été tué le 6 juin 1944 près de Mandeville, pendant le repli des artilleurs, lors d'une attaque de chasseurs-bombardiers, après que sa position de batterie a été abandonnée et que les obusiers ont été détruits. Il a été enterré au cimetière militaire provisoire de Saint-Laurent et finalement, à partir de 1960, au cimetière militaire de La Gambe, Bloc 15, tombe 61.

Faust Christian, né le 20-09-1925
Grenadier (tireur MG/WN 62)
   Son destin au 6 juin 1944 et après est inconnu. Il a été tué le 11 juillet 1944 lors de la bataille de Normandie et est enterré à La Gambe, Bloc 1, tombe 71.

Ferchau Edmund, né le 7-10-1909 à Lipniez, arr. de Zichenau
Caporal (mortier/WN 62)
   … a pu quitter le WN 62 sans dommage le 6 juin 1944. Par la suite, il a été tout d'abord incorporé au *Grenadier-Regiment 162* puis au *Grenadier-Feldausbildungs-Regiment 639* et a été envoyé sur le front de l'Est. Le 17 janvier 1945, il a été fait prisonnier par les Russes à Gumbinnen et il n'a rejoint l'Allemagne fédérale qu'en 1950.

L'entrée du cimetière militaire allemand près de La Cambe, en Normandie.

Flossmann Anton, né le 28-01-1904 à Mies
Caporal-chef (pourvoyeur en munitions/WN 62)

... a pu décrocher sans dommage du WN 62 et a été capturé par les Américains le 30 juin 1944 près de Cherbourg, alors qu'il était incorporé au *Festungs-Bataillon 84*. Sa dernière mention en captivité remonte au 31 juillet 1945. Son sort ultérieur reste inconnu.

Fürster Ludwig, né le 20-08-1909 à Eischerscheidt
Sergent (WN 62)

... a été blessé le 6 juin 1944, sur le WN 62, par un éclat d'obus à deux doigts de la main droite. Après un court séjour à l'hôpital, il a été envoyé à Perpignan dans le Sud de la France, de nouveau apte au service. De là, il a participé à la retraite jusqu'aux Vosges où il a été capturé par les Américains en novembre 1944.

Il restera prisonnier (sans aller aux États Unis) jusqu'en mars 1946. Il est mort dans sa ville natale le 22 août 1991, à l'âge de 82 ans.

Frerking Bernhard, né le 1-12-1912 à Hanovre
Lieutenant (chef de 1e batterie, B-Stelle/WN 62)

... a été tué le 6 juin 1944, sur le WN 62, d'une balle dans la tête et a été porté disparu jusqu'en juin 1947. Il a été tout d'abord enterré au cimetière militaire américain de Colleville, puis a été transféré en 1961 au cimetière militaire de La Gambe, Bloc 7, tombe 89.

Gockel Franz, né le 30-12-1925 à Niederense/Mühnetal
Caporal (tireur MG/WN 62)

... a été blessé le 6 juin 1944 sur le WN 62, a rejoint Bayeux avec un convoi sanitaire et a atteint plus tard Vier, via Paris. De là, il rejoint l'hôpital de Neheim, dans le Sauerland, et, après sa convalescence, a été déclaré de nouveau apte au service, bien qu'il ait perdu toute sensation olfactive à la suite du feu roulant subi sur le point d'appui. Lors des combats dans les Vosges, en novembre 1944, il a été capturé par les Américains à La Voivre et a été libéré de sa captivité en mars 1946 (sans avoir été envoyé aux États Unis).

Grass Wilhelm, né en 1924 à Kettwig
Sous-lieutenant (chef adjoint de la 1re batterie, B-Stelle/WN 62)

... a tout d'abord été blessé le 6 juin 1944 sur le WN 62 et, peu après, a été tué par un projectile. Dans un premier temps, il a été enterré au cimetière provisoire de Saint-Laurent, puis en 1960, au cimetière militaire de La Gambe, Bloc 7, tombe 341.

Götsch Hermann, né le 25-08-1925 à Cologne
Caporal (canonnier/VVN 61)

... fut capturé sain et sauf sur le WN 61 en fin de matinée. Envoyé en Grande-Bretagne puis aux États Unis et a été libéré en janvier 1946. Il est mort après un voyage en Normandie, le 29 mai 2003, à l'âge de 78 ans.

Hahn Paul, né le 16-11-1910 à Eickel en Westphalie
Stabsfeldwebel (adjudant de compagnie de la 3e compagnie, *Grenadier-Regiment* 726/WN 63)

Son sort le 6 juin 1944 est inconnu. Il a été capturé par les Britanniques le 7 juin 1944 près de Vaux-sur-Aure. Après sa libération, il a vécu à Herford, en Westphalie.

Tombe commune du lieutenant Bernhard Frerking et du soldat Karl Kleinpass.

Fiche de libération de la captivité américaine de Hermann Geitsch datée du 16 janvier 1946.

Tombe commune du soldat Helmut Kieserling tué sur le WN 62 et d'un inconnu. Les tombes des hommes qui n'ont pas été identifiés portent l'inscription « un soldat allemand ».

Häming Paul, né le 9-05-1925
Grenadier (pourvoyeur de munitions/WN 62)

...a été tué le 6 juin 1944 sur le WN 62 et a été tout d'abord enterré au cimetière militaire provisoire de Saint-Laurent et finalement, en 1960, au cimetière militaire de La Gambe, Bloc 44, tombe 200.

Heckmann Franz, né en 1926
Soldat (canonnier/WN 62)

... a été blessé le 6 juin 1944 sur le WN 62. Son sort ultérieur reste inconnu.

Kieserling Helmut, né le 10-11-1925
Soldat (tireur MG/WN 62)

... a été tué le 6 juin 1944 sur le WN 62 et a été tout d'abord enterré dans le cimetière militaire de Saint-Laurent et finalement, en 1960, au cimetière militaire de La Gambe, Bloc 7, tombe 85.

Kowalski Theo, né en 1925 à Gelsenkirchen
Caporal (tireur MG/WN 62)

Son sort, pendant la bataille de Normandie, demeure inconnu mais il est rentré dans ses foyers.

Krieftewirth Heinrich, né en 1908
Caporal-chef (chef de pièce/WN 62)

... a été blessé le 6 juin 1944 sur le WN 62 et est rentré après la guerre dans ses foyers. Il est mort en 1964, à l'âge de 56 ans.

Kuska Siegfried, né le 16-10-1909 à Bonn-Sterkrade
Caporal-chef (canonnier/WN 62)

... a été blessé et fait prisonnier le 6 juin 1944 à proximité de Colleville. Il a ensuite été envoyé en Grande-Bretagne, puis aux États Unis avant d'être livré, le 16 avril 1945, aux autorités polonaises. Son sort ultérieur demeure inconnu.

Kwiatkowski Ludwig, né en 1925 à Gelsenkirchen
Caporal (tireur MG/WN 62)

Son sort pendant la bataille de Normandie est inconnu. Il est cependant rentré dans ses foyers.

Lehmkuhl Bernhard, né le 14-06-1908 à Münster-Handorf
Caporal-chef (téléphoniste/WN 63)

... a été blessé à la jambe droite dans la soirée du 6 juin 1944 et fait prisonnier dans la nuit du 6 au 7 juin. Transféré ensuite en Grande-Bretagne et aux États Unis. Rentré dans ses foyers en 1947.

Lehrmann Valentin, né le 27-10-1909 à Gelsenkirchen
Caporal-chef (cuisinier/WN 62)

... a été blessé d'une balle dans le poumon le 6 juin 1944 sur le WN 62. Il est mort le 7 juin des suites de ses blessures et fut tout d'abord enterré au cimetière provisoire de Saint-Laurent et, finalement, en 1960, au cimetière militaire de La Gambe, Bloc 7, tombe 124.

Liermann Alfred, né en 1925
Caporal (aide-cuisinier/WN 62)

Son sort est inconnu.

À proximité du cimetière militaire de La Cambe se trouve, dans le parc de la Paix, un monument portant une citation d'Albert Schweizer: « les tombes militaires exhortent à la Paix ».

**Lohmann Ernst-August, Dr., né le 26-09-1904
à Wilhemshôhe/Kassel
Major (chef du 1er bataillon du *Grenadier-Regiment 915*/WN 63)**

... a été tué lors de la bataille de Normandie, près de Villiers-Fossard, le 14 juin 1944. Il a été enterré au cimetière militaire de La Gambe, Bloc 49, tombe 217.

**Lücking Hans, né le 12-10-1921 à Dortmund
Caporal-chef (cartographe et observateur du *Grenadier-Regiment 726*
de la *716. Infanterie-Division*, à Bayeux)**

... a été fait prisonnier le 6 juin à Saint-Laurent. Après avoir passé dix-sept mois à Londres et en Écosse, sa captivité se poursuit aux États Unis jusqu'en octobre 1947. Il est décédé le 22 juin 1987 à Bochum, à l'âge de 65 ans.

Le cimetière militaire allemand de La Cambe – le plus grand des cinq cimetières militaires allemands en Normandie, fut inauguré le 21 septembre 1961 par le Volksbund Deutsche Kriegsgräberfürsorge. 21 222 soldats tués lors de la Seconde Guerre mondiale y sont enterrés, dont la plupart ont été tués pendant l'été 1944, entre le 6 juin et le 20 août.
À la différence des tombes claires des cimetières alliés, les tombes des Allemands, dans de nombreux cimetières militaires allemands en France, portent des croix sombres (comme celles de la Première Guerre mondiale)...

**Lützen Peter, né le 8-11-1921 à Leck, en Frise orientale
Caporal-chef (adjoint du chef du point d'appui
et téléphoniste/ WN 62)**

... a été blessé le 6 juin 1944 sur le WN 62 et resta pendant deux jours, avec d'autres blessés, dans des quartiers provisoires. Ayant remarqué que des camions de la *Wehrmacht* traversaient continuellement la localité et après s'être rendu compte qu'un transport ultérieur des blessés serait impossible, il a voulu finalement continuer par ses propres moyens. Le troisième jour, il a parlé avec ses camarades et leur a dit qu'avec le gros des autres blessés, ils n'avaient aucune chance d'être évacués. Lützen a alors demandé au chauffeur du premier camion qui s'est arrêté où il allait. « *Au Mans* », fut la réponse. Les trois soldats ont grimpé sur le véhicule et ont rejoint un hôpital du Mans. Là, Lützen fut étonné de constater qu'« *Au bout de trois jours, ils ne savaient toujours pas qu'il y avait la guerre sur la côte. Nous étions les premiers blessés à arriver là...* » Par la suite, il fut transféré d'un hôpital à l'autre – Tours puis Dijon – avec une blessure qui s'était fortement infectée. Il rejoignit ensuite la Thuringe et, plus tard, en tant que convalescent, la compagnie

« Titre de voyage provisoire en remplacement de la carte d'identité de citoyen allemand » *établi pour Hans Lücking par la* HQ Control Commission *de Düsseldorf, le 10 août 1948.*

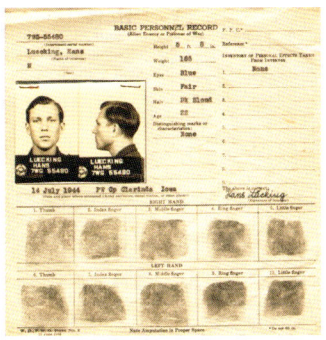

de remplacement à Gockelsheim. Après divers combats près de Lippstadt et de Paderborn, il a été blessé à la cuisse et retrouva ses foyers en mai 1945 sans avoir été fait prisonnier.

Ottemeier Ernst, né le 11-01-1896 à Lage/Lippe
Capitaine (premier commandant de la 3ᵉ compagnie/WN 63)

… n'était plus soldat le 6 juin 1944 et a terminé la guerre en bonne santé. Il est décédé le 7 juin 1977 dans sa ville natale de Lage, à l'âge de 81 ans.

Pie Ludwig, né le 14-04-1912 à Bohmte
Oberfeldwebel (suppléant du chef du point d'appui/WN 60)

… a été blessé le 6 juin 1944 à la hanche sur le WN 62. Après sa convalescence, de nouveau apte au combat, il a rejoint la 1ʳᵉ compagnie du bataillon de remplacement et d'instruction, et il a été renvoyé au front. Gravement blessé le 17 septembre 1944 près de Vliegk, aux Pays-Bas, son sort ultérieur n'est pas connu.

Plota Bruno, né le 20-10-1925 à Hamm/Bochum Hövel
Soldat de 1re classe (mortier/WN 62)

… avec un attelage antichar inconnu, il quitte Colleville à l'aube du 7 juin 1944 et, une heure plus tard, il est fait prisonnier par les Américains dans le hameau ouest de Colleville. Amené à un point de rassemblement provisoire des prisonniers, dans la vallée de Colleville, entre les WN 61 et 62, il est ensuite resté prisonnier aux États Unis jusqu'en 1947 et est rentré en Allemagne en octobre de la même année, via la Grande Bretagne.

Formulaire d'enregistrement de Hans Lücking (ci-dessus) comme prisonnier de guerre et un extrait de celui de Bruno Plota (ci-dessous).

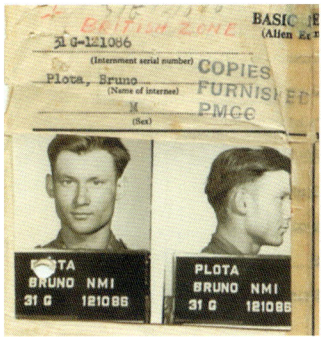

Reckers Alois, né le 5-12-1925 à Dreierwalde en Westphalie
Caporal (pourvoyeur de munitions/WN 62)

… se trouvait le 6 juin 1944 dans un hôpital près du Mans. Après sa convalescence, déclaré de nouveau apte au service, il a participé aux combats dans les Vosges. Alors qu'il faisait partie de la compagnie de commandement du *Grenadier-Regiment 726*, il a été tué le 29 novembre 1944 près de St-Pilt (Saint-Hippolyte), en Alsace. Son cadavre est resté « aux mains de l'ennemi » et sa tombe reste inconnue.

Riemann Fritz, né le 14-03-1909 à Grass Elschenbruch, en Prusse Orientale
Caporal-chef (chef cuisinier/VVN 62)

… a traversé sain et sauf la journée du 6 juin 1944, mais a été tué pendant la bataille de Normandie à une date inconnue. Il a été enterré au cimetière militaire provisoire de Saint-Laurent avant d'être finalement transféré, en 1960, au cimetière militaire de La Gambe, Bloc 7, tombe 120.

Les photos du formulaire d'enregistrement de Bruno Plota ont été prises une semaine après le Jour J. Ses blessures au nez et derrière l'oreille droite, causées par les éclats de béton dans la casemate, ne sont pas guéries (ci-dessous).

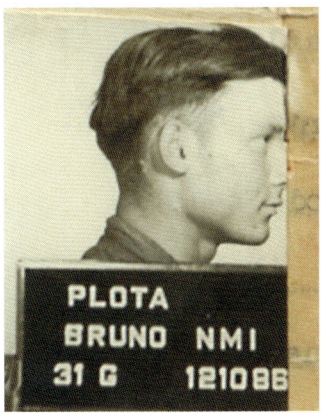

Schnichels Michael, né le 8-04-1925 à Mechenich-Lorbach
Caporal (agent de liaison/WN 62)

… a été blessé gravement par plusieurs éclats d'obus le 6 juin 1944 et a rejoint un grand transport de troupes à bord d'une péniche de débarquement qui quittait la baie et où il reprit connaissance. Gravement blessé, il a été amené dans un hôpital en Grande-Bretagne pour y être opéré. On lui enlève deux côtes qui avaient été totalement broyées par les éclats, une intervention nécessitant trente-deux points de suture pour refermer la plaie. Schnichels rejoint ensuite les États Unis comme prisonnier de guerre, pays qu'il quitte en juin 1946 pour rentrer en Allemagne. Comme sa pension d'invalide de guerre est insuffisante pour faire vivre ce handicapé à 90 %, il travaillera durement jusqu'à 60 ans (dans la mesure où cela lui sera physiquement possible) dans une scierie, une carrière et à la construction de routes. Il est décédé le 22 avril 1995, à l'âge de 70 ans.

Schnüll Friedrich, né le 26-11-1909
Oberfeldwebel (suppléant du commandant du WN 61)

… a été tué le 6 juin 1944 sur la casemate du WN 61 par un obus et a tout d'abord été enterré dans le cimetière provisoire de Saint-Laurent, puis ses restes ont été finalement transférés, en 1960, au cimetière militaire de La Gambe, Bloc 7, tombe 290.

Schulte Ludwig, né le 7 février 1908
Sergent (WN 62)

… a été tué le 6 juin 1944 sur le WN 62 et a été tout d'abord enterré au cimetière militaire de Saint-Laurent puis, en 1960, au cimetière militaire de La Gambe, Bloc 7, tombe 290.

Schulz Herbert, né le 19-08-1925
Grenadier (téléphoniste, 1re batterie, B-Stelle/WN 62)

… d'après le témoignage du caporal Kurt Warnecke, Schultz n'a pas été tué sur le WN 62 avec le groupe de huit soldats autour du lieutenant Frerking, mais gravement blessé. Ce même après-midi, il a été fait prisonnier par les Américains mais est décédé le 7 juin des suites de ses blessures. Tout d'abord enterré au cimetière provisoire de Saint-Laurent, ses restes ont ensuite été transférés en 1960 au cimetière militaire de La Gambe, Bloc 4, tombe 305.

Selbach Hans, né le 3-06-1925 à Kürten/Dürscheid
Caporal (pourvoyeur de munitions/WN 62)

… fut blessé au bas de la jambe le 6 juin 1944 sur le WN 62 et amené en ambulance, d'abord à Caen puis à Trèves où il été soigné. Il a été déclaré apte au combat deux semaines plus tard et a été blessé dans le dos et à la main gauche lors des durs combats sur le canal Albert, en Belgique. Après un autre congé de convalescence, à nouveau apte au combat, il a rejoint une caserne à Wuppertal d'où il a été envoyé en Tchécoslovaquie puis de nouveau en Allemagne, en Forêt Noire et enfin près de Mulhouse. Là, son unité a été repoussée par les Américains jusque dans le Hunsrück. En décembre 1944, il a été fait prisonnier par les Américains et a rejoint un camp situé au Havre, puis à Giessen. Il est libéré en novembre 1946. Âgé d'une soixantaine d'années, il est devenu aveugle à la suite d'une maladie infectieuse.

Severloh Heinrich, né le 23-06-1923 à Metzingen, arr. de Celle
Caporal (tireur MG, 1re batterie, B-Stelle/WN 62)

… a été blessé le 6 juin 1944 sur le WN 62 près de Colleville et, à l'aube du 7 juin, a été fait prisonnier dans un chemin creux. Emmené aux États Unis, via la Grande-Bretagne, il est rentré en Allemagne en mai 1947. Il lui reste la triste renommée d'avoir été celui qui a abattu la plupart des soldats adverses…

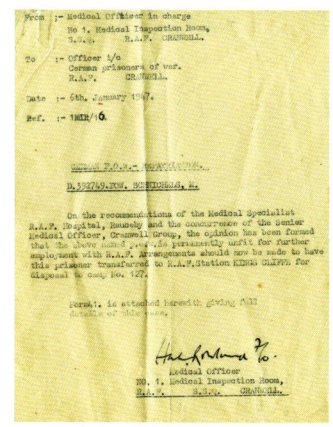

Attestation d'un Medical Officer (officier médecin), en date du 6 janvier 1947, concernant le prisonnier de guerre Michael Schnichels, encore gravement handicapé au bout de deux ans et demi : « Sur les recommandations du médecin de la RAF (Royal Air Force) Ranceby, et en accord avec le médecin chef aux armées du groupe Granwell, on est d'avis que le POW (Prisoner of War, prisonnier de guerre) n'est pas en état d'effectuer des travaux pour la RAF Il doit être amené à la station de la RAF de Kings Cliff pour être placé au camp n° 127. »

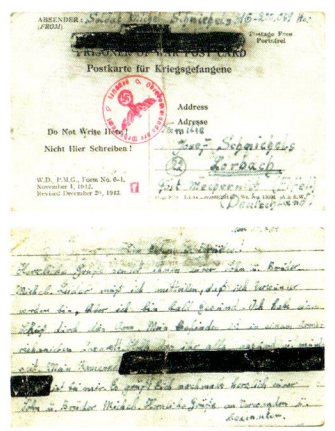

Carte postale de prisonnier de guerre envoyée par Michael Schnichels à son père le 19-07- 1944 d'un camp américain en Grande-Bretagne. « Votre fils et frère Michel vous envoie de cordiales salutations. Je dois malheureusement vous annoncer que j'ai été blessé. Mais je serai bientôt rétabli. Mon bras a été transpercé (il tait l'ampleur réelle de ses blessures). Je me trouve dans un hôpital américain. J'espère que vous êtes tous en bonne santé et en forme. Mon camarade (le nom est maquillé par la censure) est auprès de moi. Votre fils et frère Michel vous salue encore cordialement ».

Wernecke Kurt, né en 1924
Caporal (téléphoniste, 1ʳᵉ batterie, B-Stelle/WN 62)

... a été blessé le 6 juin 1944 près de Colleville. Sa blessure au fessier a été guérie au bout de deux semaines et il a rejoint son unité d'artillerie pendant la bataille de Normandie. Son sort ultérieur est inconnu.

Wittber Bruno, né le 5-05-1911 à Berlin
Caporal-chef (infirmier/WN 62)

... a survécu aux combats du 6 juin 1944. Ses proches ont eu de ses nouvelles pour la dernière fois en octobre 1944, alors qu'il avait entretemps rejoint la 8ᵉ compagnie du *Grenadier-Regiment 726*. Porté disparu depuis cette date, le tribunal administratif de Herford l'a déclaré décédé le 15 décembre 1951 (à cette date, il aurait eu 40 ans).

Le sort des quatre servants de la pièce antichar du *Grenadier-Regiment 916* de la *352. Infanterie-Division* est inconnu. On ignore également ce qu'est devenu le *Feldwebel* blessé au cou – celui qui avait longtemps ravitaillé en munitions le tireur MG Hein Severloh – et qui a disparu subitement (il s'agit probablement d'un *Feldwebel* des autres compagnies du *Regiment 726* ou de la réserve opérationnelle). Le soldat blessé au ventre, qui s'est suicidé derrière le sommet du WN 62, reste aussi inconnu.

Les tués allemands, qui ont été trouvés par les Américains sans papiers ou sans plaque individuelle, ont été considérés comme *« unknown »* (inconnus, non identifiables) et ont été inhumés dans les cinq cimetières militaires allemands de Normandie, dans des fosses communes ou dans des sépultures individuelles avec la mention *« Ein deutscher Soldat »* (« un soldat allemand »). Depuis, ils sont portés disparus.

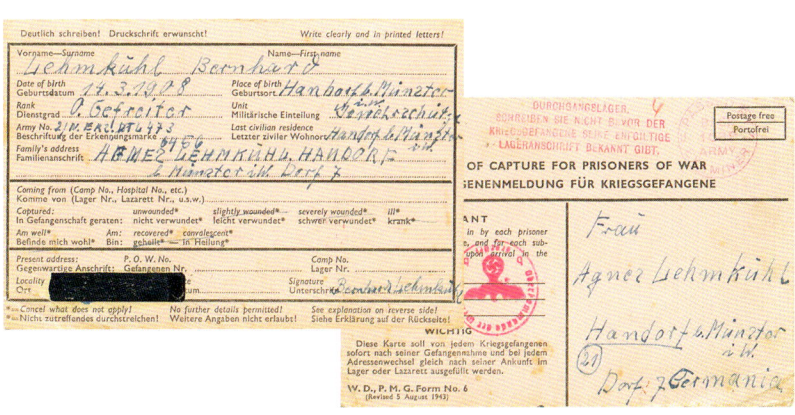

Annonce de la captivité d'un prisonnier de guerre, envoyée ici par Bernhard Lehmkuhl à sa femme.

Sources écrites

(Témoignages écrits, rapports radio et téléphoniques, monuments, institutions, ouvrages et musées)

Extrait du registre des conversations téléphoniques de la *352. Infanterie-Division* par le lieutenant-colonel Ziegelmann.

Der Atlantikwall von Dünkirchen bis Cherbourg.
R. Heinz Zimmermann. Schild Verlag GmbH, Munich, 1986.

D-Day 1944 Die Landung der Alliierten in der Normandie.
Helmut Konrad von Keusgen. I.M.K. Creativ Verlag, 2000.

Der deutsche Festungsbau von der Memel zum Atlantik 1900-1945.
Podzun-Pallas-Verlag GmbH. Edition Dürfler im Nebel Verlag GmbH.

Der Längste Tag (*Le Jour le plus long*).
Cornelius Ryan, droits auprès de Bertelsmann Lesering avec l'autorisation de S. Mohn Verlag, Gütersloh.

Service allemand d'information pour les proches des anciens membres de la *Wehrmacht*, Berlin.

Cimetière militaire de La Cambe, parc de la paix, La Cambe.

Enzyklopädie deutscher Waffen 1939-1945 Handwaffen, Artillerie, Beutewaffen, Sonderwaffen.
Terry Gander, Peter Chamberlain. Motorbuch Verlag, Stuttgart 1999.

Registre des conversations téléphoniques de la *352. Infanterie-Division* par le lieutenant-colonel Ziegelmann.

Conversations radio des Américains de la *1st Division*, *16th Regiment*, 6 juin 1944.

Les Jardins du souvenir.
Éditions OREP.

Geheime Kommandosache
... zu Grundlegendem Befehl des Oberfehlshabers West.
Generalfeldmarschall Karl Rudolf Gerd von Rundstedt en date du 6 mars 1943.

Registre des sépultures du *Volksbund Deutsche Kriegggräberfürsorge e.V.*

Kriegstagebuch des Oberkommandos der Wehrmacht 1944-1945.
Percy E. Schramm, Bernard & Graefe Verlag. Munich 1982.

Musée Mémorial de la bataille de Normandie 1944, Bayeux.

Normandie Die Invasion am 6. Juni überlebt.
Exposé, Franz Gockel, 1999.

Normandy American Cemetery ABMC, Colleville-sur-Mer.

Omaha Beachhead.
Historical Division, War Department Center of Military History, US-Army. Washington, D.C. 1989.

Témoignage personnel du colonel Ernst Goth.

Témoignages personnels des vétérans américains Harry Parley et Robert Sales (*29th US Division*), 2004.

Reise in den Sieg 49 Depeschen.
Ernest Hemingway, Rowohlt Verlag. Reinbek.

Wehrtechnisches Museum, Koblenz.

WN 62 Erinnerungen an Omaha Beach, Normandie, 6 juin 1944.
Hein Severloh. H.E.K. Creativ Verlag, 2000-2003.

Sources iconographiques

Archives de Peter Chamberlain, Londres.
Archives des Éditions Heimdal, Damigny/Bayeux.
Archives des Éditions Hirlé, Strasbourg.
Archive de Terry Gander, Billingshurst, West Sussex.
Archive de Gerstenberg, Wietze.
Archives von Keusgen au Château de Ricklingen.
National Archives and Records Administration. Coll. Park, Maryland.
Coll. privée de Heinz Bongard, Hürth.
Coll. privée de Reinhard Frerking, Langenhagen.
Coll. privée de Franz Gockel, Hamm/Rhynern.
Coll. privée d'Agnes Götsch, Cologne.
Coll. privée de Bernhard Lehmkuhl jr. Handorf/Münster.
Coll. privée de Jean-Noël Lenoury, Colleville-sur-Mer.
Coll. privée de Peter Lützen, Leck.
Coll. privée de Ernst Ottemeier, Lage.
Coll. privée de Bruno Plota, Bockum-Hövel.
Coll. privée de Hermann-Josef Schnichels, Blankenheim.
Coll. privée de Heinrich Severloh, Metzingen.
Coll. privée de Johanna Stollenwerk, Simmerath.
Musée D-Day Omaha, Vierville-sur-Mer.
Musée Omaha 6 juin 1944, Saint-Laurent-sur-Mer.
Normandy American Cemetery ABMC, Colleville-sur-Mer.
Wehrtechnisches Museum, Koblenz.

Je remercie également Madame Karin Clarissa Riihrs et mon épouse Élodie pour leur aide intensive lors des recherches particulièrement complexes.

Retrouvez tous nos livres sur
www.editions-heimdal.fr

WN62
Mémoires à Omaha Beach,
Normandie 6 Juin 1944
de Heinrich Severloh

PEGASUS BRIDGE
et la batterie de Merville
de Helmut Konrad
von Keusgen

OMAHA BEACH
LA SANGLANTE
de Georges Bernage

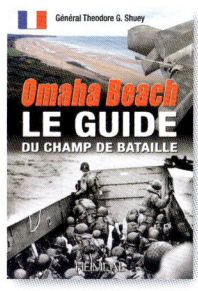
OMAHA BEACH
Le guide du champ de bataille
du général Theodore G. Shuey

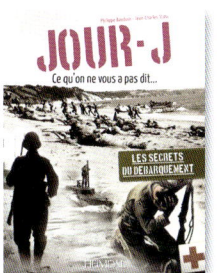
JOUR J
ce qu'on ne vous a pas dit...
de Philippe Bauduin
et Jean-Charles Stasi

NORMANDIE 6 JUIN 1944
100 photos
de Georges Bernage

Normandie Album Mémorial
INVASION JOURNAL PICTORIAL
6 juin – 22 août 1944
de Georges Bernage

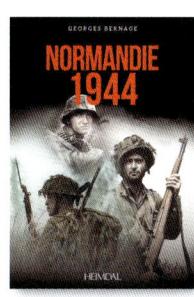
NORMANDIE 1944
de Georges Bernage

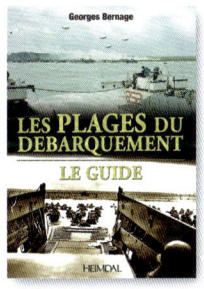
LES PLAGES DU DÉBARQUEMENT
Le Guide
de Georges Bernage

LE GUIDE DE LA BATAILLE DE NORMANDIE
de Georges Bernage

UTAH BEACH
Sainte-Mère-Église,
Sainte-Marie-du-Mont
de Georges Bernage
et Dominique François

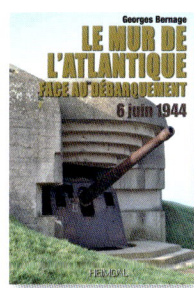
LE MUR DE L'ATLANTIQUE FACE AU DÉBARQUEMENT
6 juin 1944
de Georges Bernage

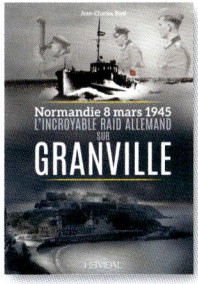
8 mars 1945
L'INCROYABLE RAID ALLEMAND SUR GRANVILLE
de Jean-Charles Stasi

TROIS JOURS EN ENFER
7-9 juin 1944
de George Bernage
et Frédérick Jeanne

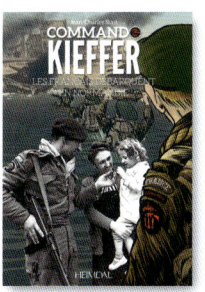
COMMANDO KIEFFER
Les Français débarquent
en Normandie
de Jean-Charles Stasi

LA NUIT DE LA LIBERTÉ
de Gilles Vallée
et Christophe Esquerré

Achevé d'imprimer sur les presses de SIA Jelgavas Tipografija
(Lettonie), en mai 2017, pour le compte des éditions Heimdal
à Damigny/Normandie (France), Georges Bernage, éditeur.